편집에 정답은 없다

출판편집자를 위한 철학에세이

편집에
정답은 없다

변정수 지음

한국출판마케팅연구소

편집자의 고민을 나눌 공간이 필요하다

이 책은, 격주간지 〈기획회의〉에 '에디터십 업그레이드 프로젝트'라는 제목으로 2008년 5월부터 1년간 연재했던 글들을 다시 묶은 것이다. 단행본으로 엮으면서, 잡지 연재의 지면 제약으로 인해 글들의 연결이 매끄럽지 못했던 대목들을 손보고 구성의 호흡을 가다듬어 본래 24편이었던 글을 18편으로 정리했다.

애초에 '편집론'의 교과서를 만들고 싶다는 생각은 전혀 없었고, 지금도 그 생각에는 변함이 없다. 오히려 산업 표준화라는 미명 아래 점점 더 기능적으로 분절화되어가기만 하는 업계 분위기에 저항하여, 편집자의 업무능력이란 결코 그런 게 아니지 않느냐고 도발해보고 싶었다. 출판산업이 틀림없는 문화산업이고 편집자의 노동이 추상적인 정신노동이라는 움직일 수 없는 대전제를 환기하면서, 편집자의 업무능력 향상이 인격적 성숙과 나란히 갈 수밖에 없음을 역설하고 싶었다. 나아가 큰 틀에서 기능 전수라는 산업사회의 패러다임에서 벗어날 길을 찾지 못하고 있는 출판 교육에 새로운 활로를 모색하기 위한 실마리라도 던져놓고 싶었다.

하지만 책으로 묶으면서 다시 읽어보니 애초의 의욕에 많이 못 미친다는 느낌을 지울 길이 없다. 무언가 할 말을 다 못한 느낌, 그러면서도 결국 같은 내용의 얘기를 중언부언한 느낌, 너무나 지당해서 하나마나한 얘기를 침소봉대한 느낌, 거꾸로 더 깊이 파고들어야 하는데 수박 겉만 핥다 만 느낌, 서술의 체계가 허술하고 빈틈이 여전히 많다는 느낌, 반대로 서술의 완결성에 집착한 나머지 구체적인 사례들의 뒷받침이 미흡하다는 느낌, … 복잡한 상념들이 떠돌다 사라진다. 그럼에도 조금이라도 계면쩍거나 주저스럽지는 않다. 정확히 여기까지가 지금으로서는 내 한계다. 그것을 이 책이 정직하게 드러내고 있다면 그것만으로 겸손하게 자족하려 한다.

물론 그것은 책을 개인적인 기념물쯤으로 생각하는 전근대적인 타성 때문이 아니다. 틀림없이 나와 같은 고민을 하고 있을, 미처 그것을 언어화할 공간이 마련되지 못해 공개적으로 표현하지 못하고 있을 뿐 때로는 무릎을 치는 후련함으로 때로는 입맛 씁쓸한 아쉬움으로 이 책에 담긴 (내용에는 다 동의하지 않더라도) 문제 제기에 기꺼이 공감해줄, 현장의 동료 편집자들에 대한 믿음 때문이다. 이 책의 모자라고 아쉬운 부분은, 또 다른 누군가가 수정하고 보완하고 발전시켜줄 것이라 믿어 의심치 않는다. 오히려 이 책이 그렇듯 편집자의 역할을 '편집일'이 아니라 '편집자의 삶/정체성'으로 재구성해내는 작업에 자극이 되고 계기가 될 수 있다면, 한 달에 두 번씩 어김없이 돌아왔던 원고 마감의 압박에 값할 그 이상의 보람은 없을 성싶다.

책이 존재하는 한 편집자의 역할은 언제나 함께 있겠지만, 그 구체적인 모습은 출판산업의 역사 속에서 끊임없이 변화해왔고 지금도 무섭게 변화하고 있는 중이다. 그럼에도 불구하고 그 다양한 모습을 뭉뚱그려 '편집'이라고 말할 수 있다면, 그 기저의 공통점으로 남는 것은 '편집자의 정체성'뿐일 것이다. 그러니 '편집이라 부를 수 있는 일'을 하는 사람이 편집자인 것이 아니라 '편집자라는 정체성으로 살고 있는 사람'이 하는 일이 편집이다.

만일 '편집이라 부를 수 있는 일'이라는 것의 범위가 일정하게 정해져 있다면, 편집자는 그 '일'을 더 능숙하게 할 수 있도록 배우고 때로 익혀야 할 것이다. 하지만 이런 가정은 현실과 부합하지 않는다. 비단 회사의 규모에 따라, 주력 출간 분야에 따라, 또는 경영자의 경영 철학에 따라 회사마다 업무 분장의 체계가 천차만별이라는 것만을 두고 하는 말이 아니다. 똑같이 원고 검토를 하더라도 이 책과 저 책이 다르고, 똑같이 원고 교열을 하더라도 이 책과 저 책이 다르며, 똑같이 보도자료를 쓰더라도 이 책과 저 책이 다르다. 그런데도 그것을 같은 일이 반복될 뿐인 숙련노동이라고 착각하면, 작업과정에 자신의 '정신'을 전혀 사용하지 않는 '매너리즘'의 늪에 빠지게 된다.

다시 말해 모든 편집자에게 적용되는 '편집의 일반론'이 있을 수 없다는 것도 두말하면 잔소리지만, 설령 같은 편집자라 하더라도 모든 책에 적용되는 '일반적인 편집론'도 존재할 수 없다. 모든 책에 적용되는 '일반적인 원고 검토법' '일반적인 원고 교열법' '일반적인 보도자료 작성법' 따위에 대한 미망을 떨쳐내야 한다. 그런 건 없다! 오로지 존재하는 것은 편집자의 삶의 방식이 텍스트와 만나면서 창출

되는 역동적인 계기뿐이다.

그런즉 '편집자'라는 정체성으로 살고 있는 '사람'들이 현실에 분명하게 존재한다면, 바로 그들, 다름 아닌 동료 편집자의 '삶'이야말로 그 어떤 '편집론'보다 훌륭한 '에디터십 업그레이드'의 교과서일 것이다. 편집자라면 누구나 동료 편집자의 삶을 자신의 '삶'을 비출 수 있는 거울로 삼아, 더 나은 '편집자로 살기'의 길을 스스로 찾아야 한다는 것이다. 그런데 내가 과문한 탓인지는 모르겠지만, 사적 친분이 있는 편집자들끼리 삼삼오오 술자리에서 파편적으로 나누는 얘기 외에, 다양한 편집자들이 만나 삶의 방식, 다시 말해 텍스트를 대하는 방식에 관해 토론하는 공적 공간이 있다는 이야기는 듣지 못했다.

텍스트를 놓고 공부하는 모임들이 꽤 있다는 것은 알고 있지만, 대개 그 중심 매개는 '일'이지 '삶'은 아닌 것 같다. 물론 그들이 편집자인 한, '일'과 '삶'의 경계는 언제나 모호하다. 하지만 내가 이 책에서 변정수라는 편집자의 '에디터십'을 구성하고 있는 요소들을 시시콜콜 끄집어내놓듯이, 자신의 삶과 사유를 소재로 꺼내놓고 다른 편집자들의 진지하고도 본격적인 공론에 부치는 일은 거의 없지 않은가.

연재를 시작할 무렵에는, 내심 정기적으로 내 글을 놓고 편집자들이 토론하는 공간을 조직해보고 싶은 욕심도 없지는 않았다. 여러 가지 현실적인 조건 때문이든 또는 내 게으름 때문이든 결국 불발에 그쳤지만, 여전히 불씨는 살아 있다. 나는 더 많은 편집자들이 '편집이라 부를 수 있는 일'이 아니라 (가시적인 매개는 결국 구체적인 '일'이라 하더라도 궁극적으로) '편집자들이 살아내고 있는 편집자라는 정체성'에 관해 토론하고, 그럼으로써 거기에 참여하는 한 사람 한 사람의 '에디터십'을 더욱 치열하게 벼려나갈 수 있는 그런 공간을 소망한다.

실은 (이 책이 아니라) 그런 공간이야말로 내가 생각했던 '에디터십 업그레이드 프로젝트'의 실체이다. 그래서 책을 묶으며 새삼스럽게 다시 한번 제안한다. 늘 술자리 뒷공론으로나 끝내기 일쑤였던 주제, 도대체 어떻게 하면 정신노동으로 밥을 먹는 사람의 노동력의 밑천, 다름 아닌 자신의 총체적 인격을 성장시켜나갈 수 있을지 함께 모여서 이야기해보자.

이 책에 묶인 글을 쓰는 한 해 동안 수많은 사람들의 적지 않은 도움을 받았다. 연재 지면을 허락해주신 한기호 소장께 감사드린다. 스물네 번의 마감치레에 덤으로 단행본 원고 마감으로 한 번 더 애를 태웠을 김지영 씨께도 미안함과 고마움이 가득하다. 무엇보다도 출판 교육의 방향과 내용에 관해 늘 함께 토론하고 고민과 열정을 공유했으며 이 책의 내용에도 많은 영감을 주었던 두 벗 차명종·박시화 선생, 그리고 연재가 진행되는 동안 '팬'을 자처하며 꼼꼼히 글을 읽고 피드백을 아끼지 않았던 이제 어느덧 초보 티를 벗어가는 몇몇 후배 편집자들에게 한없는 애정으로 감사드린다.

2009년 8월
변정수

편집에 정답은 없다 —— 차례

에디터십 업그레이드 프로젝트

왜 '에디터십'인가

예닐곱 해 전의 일이다. 검판을 위해 들른 출력소 한구석에서 어느 출판사 사장님으로 보이는 머리 희끗한 어르신 한 분이 낱장으로 출력된 필름 뭉치를 한 장씩 넘기며 돋보기 너머로 꼼꼼히 살피시는 것을 본 일이 있다. 무슨 일 때문인가 나도 잠시 대기를 하고 있어야 했기에, 무료하기도 해서 어줍잖게 알은 체를 했더랬다. "요즘은 터잡이 (하리코미)까지 된 채로 출력이 나오는데, 왜 굳이 낱장 출력을 하시는지요?" 그랬더니 젊은 사람이 일머리에 익숙지도 못한 주제에 아는 척하는 게 고깝다는 듯 퉁명스러운 대꾸가 되돌아왔다. "그러면 필름 교정을 어떻게 봐?" 기가 막혔지만, 초면에 오지랖 넓게 덤빌 일이 아니어서 그만 입을 닫고 말았다. 하지만 그 대꾸는 그 후로도 오랫동안 내게 깊은 인상을 남겼다. 강의를 하면서 '교정'의 의미를 설명할 때마다, '필름 교정'이라는 용어가 왜 부적절한지를 잊지 않고 언급하면서 이 경험을 되살려내니 말이다.

말이 나온 김에 짚고 넘어가자면, 편집자의 지정에 따라 필름 따붙이기(고바리)를 해야 했던 때라면 마땅히 지정과 결과물이 일치하는지 확인하는 '교정'이 필요했겠지만, WYSIWYG(What You See Is What You Get) 방식의 전산 조판을 하는 환경에서라면 출력을 의뢰하기 전에 '교정'이 완료되어야 하며 필름을 다시 확인해야 할 정도로 자신이 없다면 출력을 하도록 OK를 해서는 안 되는 것이 원칙이다. 다만 출력 오류가 생길 수도 있으므로 인쇄에 넘기기 전 필름의 이상 여부를 확인하여 이상이 있다면 재출력을 해야 하는데, 이 작업을 '교정'이라 말하는 건 개념상 어폐가 있으니 '검판' 정도의 용어를 쓰는 것이 적절할 것이다. (물론 색도 인쇄의 경우라면 필름이 나온 뒤에 색 교정지를 뽑아 색도의 수정 여부를 판단해야 하니 '필름 교정'의 과정이 아주 사라진 것은 아니다.)

아무려나 내가 이 일을 인상적으로 기억하는 이유는, '교정'의 의미에 대한 이런 단편적인 설명보다는 더 의미심장한 데 있다. 설마하니 요즘도 굳이 불필요한 '필름 교정'을 하기 위해 낱장 출력을 하고 따로 터잡이를 하는 출판사가 있을까마는, 그와 유사한(좀더 정확히는 '구조적으로 등가적인') 일들은 지금도 출판 현장에서 비일비재하게 일어나고 있다.

가령 얼마 전 북에디터 사이트에서 "HWP는 아마추어들이나 쓰는 것이고 역시 전문적인 편집은 쿼크로 해야 한다"는 논란 끝에 급기야 "어쨌든 HWP로 하면 싼 티가 난다니까요!"라는 포복절도할 어거지가 짐짓 심각한 전문 정보인 양 둔갑하여 등장한 일이 있다. (혹시 이 책을 읽는 분들 중에도 이렇게 생각하시는 분이 있을지 모르겠지만, 그것이 편견에 지나지 않음을 증명하는 것은 전혀 어려운 일이 아니다.) 또는 최근 들어 가장 많이 받는 질문 중 하나가 CTP(Computer To Plate) 방식의 인쇄에 대한 것인데, 재쇄를 찍을 일이 거의 없는 고품질의 색도 구현에나 적합한 이 방식이 의외로 그 본래의 목적과는 전혀 인연이 닿지 않을 영역에서 진지하게 검토되고 있다는 것을 알고 놀랄 때가 많다.

거창하게도 '에디터십 업그레이드 프로젝트'라는 제목을 붙여놓고 무슨 '제작 실무' 강의를 하려나 고개를 갸웃거리시는 분이 혹 있을지 모르겠다. 물론 내가 이 책에서 하려고 하는 이야기는 그보다 범위가 더 넓다. 요컨대 출판을 둘러싼 환경은 눈이 돌아가게 변화하고 있는데, 편집자들은 처음 편집 일을 배울 때 접했고 몇 년 동안의 경험 속에서 익숙해진 방식을 쉽사리 바꾸려 들지 않는다. 또는 그러다 보니 '변화'가 강박이 되어 반대로 무언가 '새로운 것'이라면 앞뒤 가리지 않고 무작정 '변화의 흐름'에 올라타려 하기도 한다. 겉모습은 정반대지만 '동전의 앞뒷면'일 뿐이다. 다만 서두를 굳이 제작과 관련된 사례로 시작한 것은, 여러 변화 중에서도 인쇄환경의 변화가 가장 도드라지고 대상이 구체적으로 눈에 보이기 때문이다.

교정의 흔적이 없는 책들, 편집자는 뭘 했을까

좀더 추상적인 영역으로 들어가보자. 최근 들어 나는 책을 읽다가 동업자들에게 배신감을 느낄 때가 많다. 새빨갛게 딸기밭을 만들어서 출판사에 되돌려보내고 책값을 물어달라고 악다구니를 치고 싶은 충동이 불끈불끈 올라오는 책들이 부쩍 많아진 것이다. 문장이 난삽해서 독해하기 곤란하다는 차원의 얘기가 아니다. (마구잡이로 짜깁기 번역을 해서 내놓는 바람에 내용 이해는 고사하고 문맥 파악에도 골을

싸매게 했던 책들이라면 1980년대에 더하면 더했지 결코 덜하지 않았다.) 주술관계조차 맞지 않아 눈에 거슬리는 문장이 수두룩한 건 차치하고라도, '정보 전달'이 주목적인 책에서 기본적인 사실관계 오류를 확인한 흔적이 전혀 없으며, 해당 분야에 웬만큼 관심이 있는 독자라면 누구나 알고 있을 익숙한 개념어조차 엉뚱하게 표기되어 있는 데다가 그조차 통일되어 있지 않다면, 도대체 이런 책들이 출간되기까지 편집자는 어떤 역할을 했던 것일까.

물론 '속도전'을 강요하는 현장 분위기를 감안하자면 이해하지 못할 바도 아니고, 편집자 개인의 불성실이나 심지어 '무식'을 탓할 일도 아니다. 하지만 내가 도저히 이해하지 못하는 것은, 아예 과감하게 교정을 생략했다면 모르겠지만, '꼼꼼히 점검하기에는 시간이 턱없이 모자라다'는 이유로 책을 이 꼴로 만들어내는 편집자의 대부분이 그 모자라는 시간마저 고작 띄어쓰기 따위에 매달려 허비하면서도 그것이 '기본적인 교정'이라고 굳게 믿고 있다는 사실이다.

달리 표현해보자. 한두 해 전쯤 내가 평소에 꽤 좋아하던 저자의 신간을 반갑게 읽어나가다가, 책을 집어던질 뻔한 적이 있다. 독자에 대한 배려 이전에 저자에 대한 예의가 아니라고 느껴질 정도로 교정상태가 엉망이었던 것이다. 하지만 도대체 어느 출판사에서 이런 만행을 저질렀는지 출판사를 확인한 순간 책을 던지려던 손에서 힘이 탁 풀려버렸다. 내가 알기로 원고 교열을 전부 외주로 진행하는 회사였다.

그리고 이런 의문이 들었다. 일을 한 흔적이 아무것도 없는데 외주비 지불하기가 아깝지 않았을까. 오해하지 마시라. 기껏 밤새워 일을 해놨더니 이런저런 사소한 트집을 잡으며 "일을 이따위로 해놓고 돈 달라는 말이 나오느냐"는 오리발로 쥐꼬리만한 외주비 떼먹을 궁리나 하는 악덕 출판사를 옹호하자는 것이 아니다.

원고 교열을 외주로 처리한다면, 결과물의 품질이 제대로 나왔는지 확인하기 위해 어차피 누군가 다시 꼼꼼히 읽으며 점검해야 한다. 그런데 그것이 바로 '교정'이 아닌가. 애초에 그럴 겨를이 있는 누군가가 내부에 있었다면 굳이 외주를 맡겼을 리가 없다. 게다가 출간 일정이 코앞이라면 어쩌겠는가. 외주를 맡길 때 참고했던 외주자의 가시적인 '경력'만 믿고 그냥 제작에 들어가기 십상이다. 그렇다면 어차피 편집자의 손을 거치나 안 거치나 달라질 게 없(다고 해도 달리 방법이 없)는데, 안 그래도 시간에 쫓긴다면서 그냥 찍어서 내면 되지 무엇 하러 아무 의미도 없(을지도 모르)는 일을 따로 하느라 시간과 비용을 허비하는지 그것이 궁금해졌다는 뜻이다.

또는 정반대의 경우도 있다. 후배 편집자가 서너 번은 족히 확인한 원고를 마지막으로 점검하며 '오케이'를 하겠다고 가져간 선배 편집자가 도저히 안심이 안 되는지 또 며칠을 끙끙대며 '오케이 교정지'를 '초교지' 수준의 딸기밭으로 범벅을 해놓는 일도 비일비재하다. 품질에 하자가 있는 책을 낼 수는 없는 노릇이니 그냥 대충 믿거나 넘어가는 것보다야 낫겠지만, 언제까지 그런 악순환을 되풀이할 것인지 또 어떻게 그런 소모적인 이중 작업의 문제를 해소할 것인지에 대한 비전이라곤 없이 고작 '일 못하는 후배'에게 요령부득의 닦달만 퍼부어대며 '경력자'가 하늘에서 떨어지기만을 학수고대하고 있다면 이거야말로 문제 아닌가. (이런 분들께 충고 한 말씀. 요즘은 '경력자'도 못 믿는답니다. 적어도 이 문제에 '경력'은 관건이 아닐뿐더러 오히려 때로 '경력'이 치명적인 방해가 되기도 하거든요!)

왜 이런 문제가 일어나는가. 실은 이 역시도 앞서 예시한 제작상의 문제와 본질은 (적어도 '구조적으로') 똑같다. 즉 출판을 둘러싼 환경이 변화했는데도 그동안 현장에서 익히며 익숙해진 관행적인 작업 프로세스를 무비판적으로 유지하거나, 반대로 당장의 목구멍이 포도청인즉 마뜩찮아하면서도 어쩔 수 없이 떠밀리듯이 '변화의 흐름'에 휩쓸릴 뿐이라는 것이다.

'에디터십', 위기는 곧 기회다

편집자는 늘 새로운 텍스트와 능동적으로 대화하는 것을 업으로 삼는 사람이라고 할 때, 이 모든 이해할 수 없는 일들의 속내에 자리잡은 핵심적 문제는 결국 '에디터십'이다. 모든 저작물의 가치는 그 '독창성'에 있다. 따라서 낯선 것에 쉬이 적응하지 못하는 사람은 출판물의 가치를 재는 감식안이 흐릿할 수밖에 없을 것이며 '에디터십'을 의심받게 마련이다. 그렇다면 지금껏 한 번도 경험해보지 못한 낯선 상황 앞에서 한사코 눈을 감는 둔감함은 그와 무엇이 다른가. 또 반대로 '팬'과 '편집자'를 구별하지 못하고 텍스트에 압도되어 들뜨기 일쑤인 사람에게 적절한 균형감각 속에서 '에디터십'을 발휘하기를 기대하기는 어려울 것이다. 그렇다면 '변화의 방향과 의미'를 따져보지 않고 무작정 '변화'의 불가피함만을 강변하는 경박함도 그와 전혀 다르지 않을 것이다.

편집자의 직업적 능력을 재는 척도를 총체적으로 '에디터십'이라 부를 수 있다면, 나는 그것이 텔레비전의 인기 프로그램 〈생활의 달인〉에 나오는 분들처럼 오래 그 일을 하는 과정에서 손에 익고 몸에 밴 기능적 숙련도로 환원될 수 있는 것이 아니라고 생각한다. '에디터십'과 '편집 경력'은 (아주 상관없지는 않겠지만) 거의 무관하다. 아니라면, 출판업 근처의 경험조차 전혀 없는데도 불과 몇 달 정도 어깨 너머로 실무를 익히고는 곧바로 무리없이 편집장 역할을 해내는 분들이 부지기수인 반면, 몇 년씩이나 현장 경험을 쌓았는데도 편집장은 고사하고 심지어 책 한 권의 책임편집을 맡기기에도 불안한 편집자들이 수두룩한 현상은 어떻게 설명할 것인가.

또한 나는 그것이 흔히 '아는 만큼 보인다'는 말로 표현되듯이 부지런히 책을 읽거나 강의를 들어서 얻을 수 있는 지식이나 정보의 양에 좌우된다고 생각하지도 않는다. '에디터십'과 '박학다식'도 (역시 아주 상관없지는 않겠지만) 거의 무관하다. 많이 안다는 것과 특정한 상황에서 자신이 아는 것을 적절하게 써먹을 수 있다는 것은 전혀 다른 문제이다. 수많은 편집자 재교육 프로그램이 늘 성황을 이루지만, 여기에는 심각한 오해가 개입되어 있다. 강의를 통해서는 '몰랐던 것'을 가르칠 수는 있어도, '이미 알고 있는 것'을 필요한 상황에서 끄집어낼 수 있게 해주지는 못한다. 그리고 어느 정도 실무 경험이 있는 편집자라면 실제로 '몰라서 못할 일'이란 거의 없으며, 때로 오히려 '아는 게 병'일 때도 많다.

다시 강조하지만 '에디터십'의 본질은 누가 뭐래도 '능동성'에 있다. 에디터십의 위기는 능동성의 위기이며, 편집자라는 직업적 커리어를 통해 에디터십을 성장시켜간다는 것은 더욱 능동적인 사람이 되어간다는 뜻이다. 대상으로서의 텍스트에 대해서건 상황으로서의 출판환경의 변화에 대해서건, 스스로 능동적으로 대상/상황을 장악하지 못하는 편집자에게는 아무런 발전의 여지가 없다.

그러나 반복 수행을 통해 숙련될 수 있는 것도 아니고 정보나 지식의 습득을 통해 확보될 수 있는 것도 아니라면, 도대체 어떻게 해야 편집자들의 '에디터십'을 고양시킬 수 있을 것인가. 사실 '말을 물가까지 끌고 갈 수는 있어도 물을 먹게 할 수는 없다'는 것이 내 솔직한 생각이다. 어떤 획기적인 방법을 제시하더라도 다 큰 어른들에게 능동성을 '학습'시킬 수는 없다. 하지만 우리는 과연 '물가'에 가 있기나 하고서 물 먹일 방법을 찾고 있는 것일까.

무언가 잘못되어가고 있다는 것을 정직하게 인정하지 않고서 제대로 된 길을 찾을 수는 없다. 위기를 위기로 인식하는 것이 우리가 도달해야 할 '물가'이며, 그것이야말로 위기를 넘어서 '에디터십 업그레이드'라는 물을 먹기 위한 첫걸음이다. 위기를 심각하게 받아들일수록 새로운 전기를 마련하는 더 큰 기회일 수 있다.

무엇을 어떻게 업그레이드할 것인가

편집자 지망생들과 초보 편집자들을 대상으로 하는 강의 첫 시간, '출판의 정의'를 소개하면서 늘 덧붙이는 우스개가 있다.

다른 모든 사물이 그러하듯이 출판 또한 정의하는 사람에 따라 다양한 서술이 가능하겠지만, 내가 기꺼이 기대는 것은 "문서, 회화, 사진 등의 저작물을 인쇄술, 기타의 방법으로 복제하여 다수 독자에게 발매 또는 배포하는 일"이라는 '네이버 백과사전'의 풀이이다. 다른 더 좋은 정의가 있는지는 모르겠으나, 이 정도만으로도 충분하고 남음이 있어 더 찾아볼 생각을 하지 않았다. 그냥 무미건조하게 인용해 놓으니 하나마나한 지당하신 말씀 같지만, 이 정의에는 음미할 행간이 꽤 넓어서 칠판에 딱 한 줄 써놓고도 한 시간 남짓은 족히 떠들어댈 만한 풍부한 밑천을 제공하고 있다. 출판의 대상(저작물), 내용(인쇄 복제), 목적(다수 독자)이 정확히 서술되어 있지 않은가.

그런데 재미있는 것은 그 다음이다. 출판 일을 하는 사람이라면 누구나 알다시피, 저작물은 저작자가 생산하고, 복제는 인쇄소에서 이루어지며, 발매 또는 배포는 서점 등 유통업체가 주로 담당하는 일이다. 그래서 나는 짓궂은 표정으로 다시 묻는다. "도대체 출판사에서는 무슨 일을 한다는 거야?"

영상매체에 좀더 익숙한 세대라는 점을 고려하여, 편집자를 영화감독에 비유하면서도 똑같은 종류의 익살을 아끼지 않는다. "대본은 시나리오 작가가 쓰고, 연기는 배우가 하고, 실제로 찍는 건 촬영감독이 하고, 편집은 편집기사가 하고… 감독은 그냥 감독 의자에 앉아 '레디 고!'라고 소리치는 거말고 아무것도 하는 일이 없는 사람 아니야?" 특히나 출판 현장에서 '편집'이라는 말이 흔히 '조판'이라는 구체적인 작업과정과 혼동되어 쓰이거니와(도대체 편집을 배운다고 하면서 쿼크익스프레스 같은 조판도구 사용법을 배우러 다니는 사람들은 왜 그리 많은지), 예전 활자조판시대라면 혹 모르겠지만 조판이 디자이너의 전문 영역으로 분화된 지도 어언 한 세대가 흘렀으니, 도대체 편집자가 구체적으로 무슨 일을 하는지는 더욱 오리무중이다.

세상에서 가장 어리석은 사람은 답이 없는 곳에서 굳이 답을 찾겠다는 사람이다. 영화 〈올드보이〉의 인상적인 대사를 빌리자면, "질문이 틀렸으니 자꾸 엉뚱한 답을 내놓지!" 발상을 바꿔보자. 편집자는 근본적으로 눈에 보이는 구체적인 일을 하는 사람이 아니다. 구체적인 일을 전혀 하지 않는다는 뜻은 물론 아니다. 편집자가 얼마나 많은 일을 하는 사람인지는 편집자들 자신이 더 잘 안다. 하지만 '편집'이란 무엇인가, 또는 편집자는 도대체 뭐하는 사람인가를 물었을 때, 그 답은 편집자가 구체적으로 수행하는 그 수많은 일들 하나하나로 결코 환원되지 않으며 심지어 그 모든 일의 총합과

등치되지도 않는다. 요컨대 편집은 '추상적인' 일이다.

'에디터십'의 실체를 둘러싼 수많은 오해와 착각, 심지어 시대착오적이기까지 한 왜곡된 편향들은 편집이 근본적으로 추상적인 일이라는 점에 대한 명료한 인식이 모자란 데 기인한다. 주지하다시피 현재의 출판은 자본과 노동이 결합하고 있는 자본주의적인 산업이다. 자본주의적인 생산에서 모든 생산적인 노동은 구체적인 실체를 가질 수밖에 없고 또 그래야만 한다. 바로 여기에서 딜레마가 생겨난다. 편집은 구체적인 작업으로 환원되지 않는 추상적인 일이며, 편집자의 노동력을 객관적으로 계량할 수 있는 방법은 없다.

편집자는 당연히 출판사에 고용된 노동자라는 관점에서만 본다면 상당히 이상하게 들리는 말일지 모르겠지만, 관점을 달리해보면 이런 '추상적 노동'의 예는 우리 사회 안에 무수히 많다. 가령 어떤 작가가 다른 작가보다 더 우수한 창작/저술 노동력을 가지고 있다고 계량적으로 평가하는 것이 가능한가. 물론 작품이 발표된 이후에 비평적인 개입을 통해 그 사회문화적 가치를 어느 정도 가늠할 수도 있고 매출로 드러난 결과에 근거하여 경제적 가치를 평가할 수도 있겠지만, 그건 전혀 다른 차원의 문제이다. 그래서 위에 예를 든 영화감독도 그러하거니와, 대개 '추상적 노동'을 하는 사람이 자본주의적인 기업에 말 그대로의 의미에서 노동자로 고용되는 일은 거의 없다.

'일 잘하는 편집자'를 키우는 '질 좋은 교육'?

'에디터십'이 (그것이 무엇이라고 꼭 집어 말할 수는 없다 해도) 구체적인 작업 수행 능력으로 환원될 수 있다고 여기는 통념에는 출판산업의 역사적 연원이 작용한다.

앞서도 말했듯 활자조판시대에 편집자는 교정지를 붙들고 오탈자(를 비롯한 조판상의 모든 오식)와 씨름하는 구체적인 작업에 업무시간의 대부분(나아가 직업적 경력의 대부분)을 할애해야 했다. 하지만 그 시절에도 편집자가 하는 일의 추상적 본질이 달랐던 것은 아니다. 만일 그랬다면 글자를 읽을 수 있고 조판 교정 부호의 의미를 이해할 수 있는 사람이라면 누구나 편집자로 일할 수 있었겠지만, 그 당시에도 출판편집은 상당한 교육을 받은 고급 노동력을 필요로 하는 일이었다. 다만 구체적인 실체를 가진 작업으로 환원되지 않는 편집의 추상적인 본령에 도달하기까지의 직업적 수련과정이 그러한 구체적인 작업과정으로 구성될 수 있었던 것뿐이다. 그런 점에서 편집자가 다른 '추상적 노동'을 하는 이들과 달리 출판 기업에 고용될 수 있었다는 것은 어쩌면 인쇄 기술의 한계에 기인한 예외적인 행운이었을지도 모른다. 가령 오랜 습작과정을 통해 비로소 신뢰할 만한 작가가 탄생하기는 하지만, 일반적으로 습작과정에 대해 어떤 형태로든 금전적 대가가 지불되지 않는 것과 견주어보라.

아무려나 인쇄 기술의 '혁명적인' 진보는 편집자에게서 직업적 수련과정을 구성할 수 있는 구체적인 작업 영역을 박탈했으며, 편집자가 의미 있는(고용 가능한, 또는 어떠한 형태로든 금전적 대가와 교환될 수 있는) 노동력을 어느 정도 확보하고 있는지를 확인할 수 있는 방법은 훨씬 추상적인 영역으로 넘어가게 되었다. 이것은 노동력의 교환가치를 향상시키고자 하는 편집자에게도 상당히 곤혹스러운 상황이지만, 여전히 편집자의 노동력을 고용하여 기업을 경영할 수밖에 없는 출판사 입장에서도 지금까지와는 전혀 다른 각도의 접근을 요구하는 심각한 도전일 수밖에 없다. 출판사마다 '일 잘하는 편집자'에 목말라하지만, 도대체 편집자가 일을 잘한다는 게 무슨 뜻인지 구체적으로 제시하기는 쉽지 않다. 설령 추상적으로 그 테두리를 어림할 수는 있다 해도 그런 편집자가 되려면 어떻게 해야 하는지, 나아가 어떤 사람이 얼마나 일을 잘하는지(일 잘하는 편집자에 얼마나 가까이 가 있는지)는 또 어떻게 평가할 수 있는지 명확하게 설명하기는 더 어렵다. 이 난처한 상황을 엄연한 현실로 인정해야만 한다.

남들 다 아는 뻔한 얘기를 너무 장황하게 늘어놓고 있는 것 아니냐는 독자들이 있을지도 모르겠다. 그런데 그게 그렇지 않다. 2005년 서울북인스티튜트(SBI)가 개원할 때부터 지금까지 강의를 하면서, 그리고 서울출판예비학교 운영에도 참여하면서, 한편으로 보람도 적지 않았지만 솔직히 말하자면 답답함을 느낄 때가 더 많았다. 그 답답함의 근원은 이 프로그램들의 운영 주체인 한국출판인회의에 모여 논의를 주도하고 계시는 '사장님'들이 다른 문제는 어떨지 몰라도 적어도 교육문제에 대해 너무나 순진하다는 것을 시시때때로 절감하며, 도저히 어떻게 해볼 수 없는 견고한 벽에 부딪히는 느낌, 미친 사람처럼 혼자 벽에 대고 짖어대고 있는 듯한 느낌에 쉼없이 시달렸기 때문이다.

가령 나는 내가 맡고 있는 '교정교열 과정'의 강의를 "이 강의를 듣는다고 이른바 '교정교열 능력'이 조금이라도 향상되리라고 기대하지 말라"는 말로 시작한다. 정직하게 말하면 선생이랍시고 실무능력 향상에는 전혀 도움이 되지 않을 강의를 하고 있는 자신에게 먼저 자괴감이 들기는 하지만, 정말로 원고 교열 실무에 손톱만큼이라도 도움이 될 수 있는 프로그램을 제시한다면 과연 얼마나 많은 편집자들이 충실하게 그 강의를 따라와줄지 또 얼마나 많은 출판사에서 편집자들에게 그런 강의의 수강 기회를 줄지 잘 모르겠다. 요컨대 강의를 하는 선생조차 효과를 의심하는 지금의 교육 내용은 순전히 '교정교열을 잘한다는 것'의 의미를 직시하려 들지 않은 채 기존의 막연한 관념에 관성적으로 매몰되어 있는 요령부득의 '현장 분위기'와 불가피하게 타협한 결과이다. (물론 결과적으로 그리된 데는 어떻든 내 책임도 있다. 궁색한 변명이지만 솔직히 싸우다 싸우다 지쳤다. 그나마 지금은 커리큘럼이 많이 달라졌지만, 어떻든 여전히 싸움은 계속되고 있다.)

이에 관해 더 자세한 논의는 이 책의 중반부 '가공능력 비판' 대목에서 깊이 있게 다룰 기회가 있겠지만, 지금껏 경험했던 '부실한 교열'로 인한 대형 사고가 과연 맞춤법, 띄어쓰기 같은 성문 규범이나 문법을 다루는 이론에 대한 편집자의 무지에 기인하는지를 찬찬히 되짚어보시라는 권고를 실마리로 남겨놓겠다. 예컨대 작년 초 어느 출판사에서 어느 원로 소설가에게 대단히 심각한 실례를 범한 일이 있었는데, 이런 사고의 가능성을 최대한 낮추려면 도대체 편집자에게 어떤 내용의 교육이 필요한가. 그리고 나아가 이런 치명적 사고의 가능성을 조금이라도 줄일 방법은 무엇인가에는 속수무책이면서 한가하게(!) 띄어쓰기 따위나 트집잡고 있는 이해할 수도 용납할 수도 없는 관성에 편승하는 것이 과연 '교육'인가. (이 문장을 쓰면서 나는 '바람직한 교육인가'라고 썼다가 '바람직한'이라는 수식어를 지웠다. 바람직한가를 따질 계제조차도 아니다. 이건 아예 '교육'이 아니다.)

자본주의 체제에서 강의든 실습이든 토론이든 또는 다른 어떤 형식을 취하든 모든 직업 훈련의 목표는 그 어떤 현란한 수사로 치장하더라도 실은 단 한 가지다. 노동력의 질을 향상시켜 생산성을 높이는 것이다. 그런데 도대체 이 시대의 출판산업이 요구하는 편집자의 생산성이란 무엇인지에 대해 진지하게 고민하는 자리라도 마련된 적이 있는가. 내가 답답한 것은 이 지점이다. 나 자신으로 범위를 좁혀 말한다면 가르치는 입장에서 그리고 그 일로 밥을 먹고 있는 입장에서 고민이 없을 수는 없지만, 나 혼자 죽어라 고민하면 뭐하나 하는 무력감에 짓눌린 것이 한두 번이 아니다. 오죽하면 강의를 하다 말고 "사실 이런 내용은 편집자들이 아니라 사장님들이 좀 들어야 하는데…"를 연발할까. 그래서 지면을 통해서나마 문제를 환기한다. 도대체 편집자가 일을 잘한다는 것, 또는 일을 더 잘하게 된다는 것은 무슨 뜻인가.

질문을 단순화해보자. 크게 흠잡을 데 없는 책을 빨리(또는 많이) 만들어내는 편집자가 일을 잘하는 것인가. 만들어놓은 책에서 작은 흠이라도 잡아낼 여지가 적은 편집자가 일을 잘하는 것인가. 베스트셀러를 많이 낸 편집자가 일을 잘하는 것인가. 전체적인 매출고가 높은 편집자가 일을 잘하는 것인가. … 이런 종류의 질문은 끝도 없이 만들어낼 수 있지만 어떻게 질문을 바꾸더라도 대답은 똑같다. 그렇기도 하고 꼭 그렇지만은 않기도 하다.

또는 설령 이 모든 정의가 유효하다 해도 문제는 전혀 다른 곳에 있다. 벽돌 공장에서 벽돌 찍어내는 사람을 떠올려보자. 이 사람은 한 시간에 100장을 찍는 생산성을 가지고 있고, 그만큼의 강도로 일했을 때 불량품은 한 개 미만이라고 가정하자. 이 사람이 다치거나 아파서 몸 상태가 평소와는 다르거나 고의로 게으름을 피우지 않는다면, 언제나 대략 비슷한 생산성을 보일 것이다. 그렇다면 우리는 이 사람이 한 시간에 80장밖에 못 찍어내고 게다가 그중 서너 장은 불량을 내는 사람보다 '일을 잘한다'고 말할 수 있다.

그러나 가령 한 달에 한 권씩은 만들어왔던 편집자라도, 평균 두 달에 한 권 만들어왔던 편집자보다 무슨 책을 만들든 반드시 빨리 만들어낼 것이라는 보장은 어디에도 없으며, 혹 작업기간을 압박한다면 완성도에서 '평소답지 않은' 심각한 흠결이 발생하지 말라는 보장도 없다. 제아무리 꼼꼼하기로 소문난 편집자라도, 크고작은 실수로 그보다 훨씬 지적을 많이 받았던 편집자조차도 잡아낼 수 있는 터무니없는 실수가 전혀 없으리라고 장담할 수는 없다. 만드는 책마다 '대박'을 터뜨린 전설을 기록한 편집자라고 해서 (다른 편집자와 비교할 필요조차 없이) 반드시 다음 책에서도 대박을 터뜨린다는 보장이 전혀 없다는 것은 두말할 나위도 없다. 그러니 다시 질문한다. 도대체 '일 잘하는 편집자'란 무엇인가.

앞서 언급한 내용이 되풀이되는 듯하지만, 내 생각을 정리하자면 이렇다. '일 잘하는 편집자'는 이런 구체적인 기준으로 환원되지 않는 추상적인 어떤 것이다. 그래서 '에디터십'이라는 추상적인 개념으로 뭉뚱그릴 수밖에 없는데, 앞서 '에디터십'의 본질은 다름 아닌 '능동성'에 있다고 언급했다. 그렇다면 '능동성'은 어떻게 생겨나는가. 나는 사람을 능동적으로 만들어주는 심리적 동인을 '책임감'에서 찾고 싶다. 물론 어느 직업치고 '책임감' 없이 할 수 있는 일은 없겠지만, '능동성'의 이면을 굳이 '책임감'이라고 지목하는 것은 에디터십의 계발(업그레이드)을 염두에 둔 탓이다.

편집자의 책임에는 층위가 있다

편집자의 '책임감'에는 분명 출판산업의 인력구조가 요구하는 층위가 존재한다. 초보 편집자는 일단 '책'을 잘 만들고 싶어한다. 그것은 저자에 대한 책임, 독자에 대한 책임의 발로일 것이다. 좀더 일에 이력이 붙은 중견 편집자에게는 '책'만 보이지 않는다. '책을 만들고 있는 사람들' 또는 '계속 책을 만들어낼 수 있는 기반'까지 고려한다. 굳이 말하자면 '회사의 수지'에 대한 책임일 것이다. 나아가 '대가'로 추앙할 만한 편집자라면 자신이 몸담고 있는 회사의 손익도 중요하지만 그에 매몰되지 않고 '사회 전체에 대한 공공적 책임'을 다름 아닌 '책'을 통해, '책 만드는 일'을 통해 실현하고자 할 것이다.

좀더 구체적으로 들어가보자. 이런 일이 있었다. 편집 일을 시작한 지 1년쯤 된다는 어느 후배 편집자가 직장을 옮겨야겠다는 고민을 제법 심각하게 하고 있다고 털어놓기에 그 까닭을 물었다. 대략 그의 고민을 간추리자면, "책을 이렇게 만들면 안 될 것 같은데, 이 회사에서는 달리 방법이 없을 것 같아서"라는 것이다. 요컨대 선배 편집자가 책을 너무 엉망으로 만들고 있으며, 그에게도 업무 지시를 통해 자신의 '이상한'('잘못된'이 아니다!) 방식을 강요한다는 것이다. 좀더 책을 책답게 만들고 싶다는 소박하다면 소박한 꿈을 지금보다는 더 잘 펼칠 수 있는 회사로 옮겨서 '책의 완성도'에 심혈을 기울이는 선배 밑에서 배우고 싶다고 했다.

책 만드는 일을 해보겠다고 덤벼드는 지망생들이 흔히 품고 있다는 원대한(?) 포부("나는 이런 책을 만들고 싶어요")나 또는 아직 초보 티를 벗지 못한 햇병아리 편집자들이 그 연장선에서 마주치는 좌절("내가 만들고 싶은 책은 이런 게 아닌데, 이런 책을 왜 만들고 있는지 모르겠어요")을 접할 때면 "편집자는 자기가 만들고 싶은 책을 만드는 사람이 아니야. 그건 집에서 취미로 만들든지 말든지. 편집자는 독자가 읽고 싶은 책을 만드는 사람이야"라고 짐짓 꽤나 냉소적으로 대꾸를 해주곤 하는 터수인지라, 그 후배의 고민이 제법 기특하게 여겨졌다. 그는 적어도 자신의 관념 속에서 막연하게 '책 만드는 일'을 동경하는 것이 아니라 책을 어떻게 만들어야 독자들에게 좀더 어필할 수 있을까를 매우 구체적으로 고민하고 있었으니 말이다. 그리고 모르긴 해도 그것이 그저 머릿속의 고민에서 그치지 않고 선배 편집자와 충돌이 빚어질 만큼 실제 작업 속에서 모색하려는 시도도 없지는 않았으리라 짐작할 수도 있었다.

말이 나왔으니 말이지만, 2~3년쯤 일을 했다는 편집자들조차도 책을 쓴 저자의 의도에도 책을 읽을 독자의 편의에도 도통 관심이 없이 무의미한 반복 노동을 하는 경우를 적지 않게 보아왔고, 심지어 10년 가까이 책을 만들어왔다는 이가 돌발상황을 제때 수습하지 못하고 며칠씩 방치해두는 것도 보았다. 누가 더 '일 잘하는 편집자'인지는 되물을 필요도 없다.

하지만 나는 단호하게 "혹 다른 이유가 더 있다면 모르겠지만, 단지 그 이유 때문이라면 옮겨야 할 이유가 못 된다"고 조언했다. 나는 그 이유를 이렇게 설명해주었다. 어차피 '책의 완성도'를 보는 기준은 사람마다 다르다. 그 선배가 '잘못된' 것이 아니라 그저 자기 기준에 비추어 '이상한' 것뿐이라면 그건 어느 회사에 가서 어떤 선배를 만나도 정도 차이일 뿐 본질적으로 마찬가지일 것이다. 좀더 비슷한 결을 가진 사람과 일하고 싶다는 뜻인 줄은 알지만, 그렇게 해서는 자기발전이 없다. 지금이야 걸음마를 배우는 중이니 그게 편집의 전부인 것 같지만, 3년 지나고 5년 지나고 그만큼 현장 경험이 쌓이도록 자신의 역량을 온통 저자와 독자에 대한 책임에만 집중하고 있으라고 내버려두는 회사는 없을 것이기 때문이다. 어쩌면 그 선배가 이상해 보이는 것은 (정말 '경력만 늘려온 엉터리'일 수도 있지만) 당장 회사가 먹고살아야 '좋은 책'이고 '책다운 책'이고 '완성도 있는 책'이고 있을 수 있다는 고민의 발로일 수도 있다. 그 고민을 실현하는 방법이 과연 옳은지 또는 바람직한지는 모르겠으나, 더 바람직한 방법은 스스로 찾는 것이다. 그리고 그러기 위해서라도 지금 마주치고 있는 그 현실에서 도망쳐서는 안 된다. 좀더 마음 맞는 선배와 알콩달콩 '책의 완성도'를 높이기 위해 불철주야 애쓰는 것도 훌륭하고 행복한 일이지만, 거기에는 '자족의 함정'이 있다. 편집자로서 한 단계 업그레이드되는 계기라고 할 수 있는 회사의 이익(또는 더 처연하게는 '생존')을 위한 고민의 과정을 배울 기회에서 더 멀어질 수도 있다.

어느 출판사 주간이 "편집자는 빨간 펜을 잡고 있을 때 행복하지 계산기를 잡는 순간 불행해진다"라는 명언을 남겼는데, 나는 이 말을 이렇게 변형시켰다. "훌륭한 편집자란 자신이 빨간 펜 대신 계산기를 잡는 시간이 한 시간 늘 때, 후배가 계산기 대신 빨간 펜을 잡는 시간이 두 시간 늘게 할 수 있는 사람이고 또 거기에서 행복을 찾는 사람이다." 그러나 유감스럽게도 빨간 펜은 텍스트 장악력만 있다면 누구나 잡을 수 있지만(텍스트 장악력에 문제가 있는 사람이라면 빨간 펜을 잡을 자격도 없고 잡아서도 안 된다) 계산기는 아무나 잡는다고 다 의미 있는 결과를 도출할 수 있는 것이 아니다. 그야말로 다른 어디에서도 익힐 수 없는 현장 '짬밥'의 산물이다. 그리고 이 업그레이드에 실패할 때 편집자는 '일 잘하는 편집자'의 대열에서 탈락한다.

'빨간 펜'에 대한 오해와 착각

'계산기' 얘기는 잠시 뒤로 미루어놓자. 어떻게 하면 '빨간 펜'에 매몰된 시야를 '계산기'에까지 닿게 할 수 있는가는 어차피 이 책 전체에서 말하고자 하는 '에디터십 업그레이드'의 핵심 내용 가운데 하나이다. 하지만 그 이전에 해결해야 할 문제가 하나 있다. 출판사마다 사정이 달라서 어느 회사는 '빨간 펜'보다 '계산기' 다루는 능력을 하루바삐

키워야 쓸모 있는 편집자라고 생각하고, '빨간 펜'을 능수능란하게 다루지도 못하는 편집자가 '계산기'를 기웃거리는 것을 걷지도 못하면서 뛰려고 하는 방자함쯤으로 여기는 회사도 있지만, 언뜻 전혀 상반된 태도처럼 보이는 양자 사이에도 매우 의미심장한 공통점이 있다. '빨간 펜' 다루는 기술(?)을 매우 공들여 배우고 때로 익혀야 할 비전秘傳쯤으로 여긴다는 것이다. 전자는 그리 힘들여 배울 필요가 어디 있는가를 의심하는 쪽이고 후자는 편집자라면 당연히 갖춰야 할 기본기에 속한다고 믿는 쪽이지만, 무언가 '몰랐던 것을 새삼스럽게 배워야만' 익힐 수 있는 것이라는 인식에는 다름이 없다.

그런데 적어도 (내 입으로 말하기엔 민망하지만) '빨간 펜'에 관한 한 대한민국에서 둘째가라면 서러울 능력을 인정받아 몇 년째 '교정교열 과정'을 강의하고 있기까지 한 내 경험에 비추어보자면 이런 통념은 전혀 사실이 아니다. 실제로 "편집자라는 사람은 도대체 뭘 했다는 건지" 개탄하게 하는 엉터리 책을 마주하면, 많은 사람들은 한국어에 대한 편집자의 무식을 탓하기 일쑤다. 그래서 책을 찾아 읽든 강의를 쫓아다니며 듣든 기본적인 맞춤법 정도는 배우라고 채근을 하고 문법도 익히라고 닦달을 해대곤 한다. 하지만 내 생각은 상당히 다르다. 나는 '기본적인 맞춤법조차 엉망이고 띄어쓰기도 정돈되어 있지 않고 비문이 속출하는' 이유를 편집자가 그런 내용들을 모르기 때문이라고 생각하지 않는다. (물론 정말로 모르는 경우도 있지만, 그것이 본질적인 이유는 아니라는 뜻이다.) 적어도 "모르면 배우라"고 언성을 높이는 선배 편집자들이 최소한의 개론 수준에서라도 한국어의 문법 이론에 더 조예가 깊어서 후배들보다 일을 더 잘한다고 생각하지 않는다.

따지고 보면 몇 년씩 종잇밥을 먹었다는 편집자가 공들여 교열을 했다는 책에도 어이없는 실수는 꼭 있게 마련이다. 알고는 있지만 그야말로 실수로 놓친 경우도 있겠지만, 정말로 그때까지는 모르거나 잘못 알고 있어서 생긴 일일 수도 있는데, 이때도 대부분의 반응은 "정말 한국말은 어려워. 경력으로 자만하지 말고 열심히 더 배워야지"일 것이다. 과연 그럴까.

우선 표준어, 맞춤법(띄어쓰기), 외래어표기법 등 성문화된 어문 규범의 문제는 설령 그 속내를 샅샅이 머릿속에 집어넣고 있지 않다 하더라도 사전을 참고하는 것으로 쉽게 해결할 수 있다. 특별히 시간을 내고 일부러 노력을 들여 배워야 할 필요가 전혀 없는 일이다. 이런 데서 문제가 생긴다면 그것은 '기본적인 맞춤법조차 몰라서'라기보다는(물론 모르기도 했겠지만 어차피 그걸 다 통달하고 있는 사람은 없으니 중요한 문제가 아니다) 사전을 찾아볼 생각이 들 만큼 미심쩍지 않았기 때문일 것이다. 왜 다른 사람 눈에는 쉽게 띄는 잘못이 미심쩍지조차 않았을까.

흔히 '문법'이라는 말로 불리면서 마치 정리된 성문 규범이 있는 양 오해되곤 하는 문장 구성의 문제를 들여다보면 원인이 좀더 명료하게 드러난다. 가장 기본적인 주술관계의 호응조차 맞지 않는 엉터리 문장을 못 잡아내는 것이 과연 '문법을 몰라서'일까. 오히려 이 경우엔 '아는 게 병'인 사례가 더 많다. 편협한 민족주의자(언어순혈주의자)들이 설파하는 과격한 문장론을 '열심히 배우고 때로 익힌' 사람들은 일반적인 화용 맥락에서 의사전달에 아무런 문제가 없는 멀쩡한 남의 문장을 '교열'이라는 이름으로 난도질해서 '훼손'시켜놓곤 한다.

　정확히 말하자. 이 모든 문제는 텍스트의 의미를 꼼꼼히 이해하려 들지 않기 때문에 발생한다. 쉽게 말해 '긴장을 놓친' 순간에 사고가 발생한다. 언뜻 형용모순으로 보이지만 책을 '열심히 건성으로' 읽는 것은 얼마든지 가능하다. 특히나 한국적인 교육여건에서는 아예 이런 식으로 텍스트를 읽도록 오랜 세월 훈련되기까지 한다. 추상적으로 말하면 편집자가 저자에 대한 책임을 놓아버렸을 때, 주인 잃은 '빨간 펜'은 직무유기(마땅히 잡아야 할 것을 못 잡고) · 직권남용(멀쩡한 텍스트를 훼손하고)의 삽질을 한다.

　이것은 본질적으로 태도의 문제이지 지식의 문제가 아니며, 모르는 것을 가르친다고 될 문제가 아니라 텍스트를 읽는 동안 긴장을 놓치지 않도록 훈련되어야 한다. 어쩌면 예전의 편집자들이 누구 못지않게 배울 만큼 배우고도 '한글만 읽을 줄 알면 누구나 할 수 있는' 반복 노동을 오래도록 감내해야 했던 것은, 물론 그것이 그 자체만으로도 '누군가 하지 않으면 안 될' 충분히 생산적인 일이기도 했지만, 그것이 단 한 순간도 긴장을 허용하지 않는 이 직업의 혹독하고도 지난한 훈련과정이기도 했기 때문일 것이다.

정답은 주어지는 것이 아니라 만들어지는 것

그러나 때로 긴장이 흐트러지지 않는데도 마땅히 '빨간 펜'이 출동해야 할 대목을 그냥 지나치는 경우도 적잖이 있다. 둘 중의 하나이다. 자기만 이해했으면 그걸로 끝이거나, 반대로 아무래도 도무지

의미 파악이 안 되는 내용에 무한정 매달릴 수는 없으니까 '무식한 나는 몰라도 이 책을 일부러 찾아 읽을 독자들은 알겠거니' 슬그머니 넘어가기 때문이다. 굳이 말하자면 전자는 불친절이고 후자는 무책임이지만, 결국 어느 쪽이든 자신이 독자를 대표한다는 책임을 방기한 것이다. 이것은 순전히 '독자로서의 경험 부족', 즉 '절대적인 독서량 부족'에 기인한다.

출판계 안팎의 많은 사람들의 오해와는 달리, 모든 '말 배우기'는 '흉내내기'다. 우리는 언어에 대한 이론적 지식으로 말을 하는 것이 아니라 다른 사람들이 주고받는 말을 흉내내서 말을 한다. '아버지 가방으로 들어가는' 수준의 난삽한 띄어쓰기에서 무언가 이상하다는 느낌을 받지 않는다면 '띄어쓰기 공부 좀 하라'고 나무랄 일이 아니라 '도대체 얼마나 책을 안 읽었으면'이라고 반성하게 하는 것이 옳다.

그러나 흔한 말로 '회사는 학교가 아니'며, 독서량을 단시간 내에 늘릴 수 있는 뾰족한 방법도 없다. 지난 20년 사이에 한국사회에서는 대학 입시에 발목잡힌 중등교육은 물론이려니와, 대학에서의 고등교육조차 '능동성'과 '책임성'을 고양시키기는커녕 질식상태로 압살시켜왔다. 막대한 비용이 사회적으로 지불되고 있는 제도교육으로도 어찌지 못하고 점점 악화되기만 해온 문제인데, 당장의 절박한 생존이 걸려 있는 기업 차원에서 획기적인 해결 방법을 찾기는 어려울 것이다. 그러니 애초에 뛰어난 자질을 가진 사람을 잘 가려 뽑아 편집자를 채용하는 것이 '에디터십 업그레이드'의 움직일 수 없는 대전제일지도 모른다. 그저 애초에 충분한 소양을 지닌 사람을 채용하는 수밖에 달리 무슨 방법이 있겠는가. 이 문제는 이 책의 마무리 대목에서 다시 한번 살펴보겠다.

다만 이 문제를 전혀 다른 각도에서 조명해볼 여지가 있다는 점은 언급해두자. 말은 변화한다. 특히 한국어의 변화 속도는 엄청나게 빨라서, 지금 최고참 편집자들이 20대에 읽었던 책들과 지금의 20대 신참 편집자들이 읽는 책은 매우 다른 한국어로 이루어져 있다. 요즘 젊은 편집자들이 기본적인 소양조차 의심할 만큼 무식하다고 생각하시는 고참급 편집자들이라면, 자신이 20대 시절 그보다 30년쯤 전에 나온 1950년대 문서들에 기록된 한국어가 얼마나 낯설었는지를 되새겨보시기 바란다. 과연 무식해서 못 읽은 것인가.

나는 전혀 다른 각도에서 해결의 실마리를 찾는다. 상당히 급진적인 주장일지는 모르지만, 자기 또래의 평균 수준보다 나은 지적 배경을 가지고 있는 사람을 편집자로 채용했다고 전제한다면, (혹 긴장을 놓치는 바람에 못 보고 넘어간 것이라면 얼마든지 '태도'를 질책할 수 있겠지만) 충분한 긴장상태에서 읽고도 별다른 문제를 발견하지 못한 문장이라면, 그것은 지금의 독자들에게 독해 가능한 것이며 따라서 굳이 애써서 더 정교하게(말의 변화라는 측면에서 살핀다면 실은 좀더 '보수적으로') 다듬어낼 필요가 없는 것인지도 모른다. 40대와 20대의 글을 읽는 감각이 다르다면, 그것은 어느 쪽이 그 책이 상정하고 있는 '표준독자'에게 더 잘 이해되는지 진지하게 토론하고 자신이 미처 헤아리지 못한 바가 있다면 겸손하게 서로에게서 배워야 할 문제이지, 일방적으로 오랜 세월 활자와 씨름했던 사람에게 익숙한 것만이 옳다고 윽박지르며 '모자란 공부'를 탓할 일은 아닐 터이다.

한국어를 20년 이상 사용했으며 평균 수준 이상의 교육을 받은 성인이 따로 배워야 하고 죽어라 외우며 익혀야 할 만큼 현실규정력을 상실한 '규범'을 신주단지처럼 모실 이유가 있을까. 오히려 언어적 경험을 달리하는 세대·계층간의 치열한 토론과정에서 새로운 '전범'이 끊임없이 창출되는 것이 한국어의 올바른 발전 방향일 것이며 그것이 한국어를 활자화하는 출판인의 사회적 책임임은 두말할 나위도 없다. 물론 당장 발간 일정에 쫓기는 텍스트 앞에서 한가하게 '토론'을 할 짬을 낸다는 것은 현실적으로 불가능에 가까운 일임을 모르지 않는다. 그저 '에디터십 업그레이드'라는 관점에서 문제의 본질을 환기하자는 취지일 뿐이다. 좀더 현실적인 방안은 앞서 말했듯 '가공능력 비판'에서 집중적으로 모색해볼 것이다.

일반적 교양을 어떻게 '전문화'할 것인가

나는 편집자가 특별한 능력이나 재주를 가진 사람이어야 한다고 믿지 않는다. 오히려 사회구성원으로서 마땅히 지녀야 할 교양(=사회적 분별력)을 가진 '성인'이라면 누구나 할 수 있는 일이고, 또 그래야 한다고 믿는다. 그리고 그것이 헌법이 보장하고 있는 '출판의 자유'의 본질일 것이다. 그런데 출판 일이 워낙 힘해서 이 일을 하겠다는 사람들이 없는 것도 아니고 구직자들이 줄을 잇고 있는데도 정작 '쓸 만한 사람이 없다'는 구인난에 몸살을 앓고 있는 것은, 우리 사회가 '교양을 갖춘 성인'을 키워내는 데 실패해왔기 때문이지 출판산업이 요구하는 능력이 이전보다 고도로 전문화되었기 때문이 아니다. 꼭 출판 일이 아니라 무슨 직업을 가지더라도 반드시 필요한, 그야말로 '사회생활의 기본'조차 갖추고 있지 못한데도, 정작 바로 그래서 '아무리 궁리해봐도 다른 일은 도무지 적성에 맞지 않으나 출판만은 딱 어울리는 직업'이라고 생각한다는 사람들이 수두룩하니, 이런 사람들이 요행히 취업이 된다 해도 제대로 일을 해낼 리가 만무하다. '엉터리 경력자'는 이렇게 만들어진다.

서론은 이쯤에서 마무리해야겠다. 본론에서는 일단 충분한 가능성이 엿보이는 사람이라는 전제 아래, 단지 사회구성원이라면 누구에게나 기대할 만한 일반적인 내용에 지나지 않는 그 가능성을 어떻게 편집자의 전문적인 '직업능력'으로 발전시킬 것인가를 짚어내보려 한다.

그것을 나는 크게 세 가지 범주로 나누어 서술하려 한다. 나는 편집자가 (영화감독이나 방송/공연의 연출자, 심지어 오케스트라의 지휘자 등도 마찬가지이겠지만) 크게 세 가지의 위상을 가지고 있으며, 이것은 앞으로 출판물의 생산 공정이 어떻게 변화하더라도 마찬가지일 것이라고 생각한다. 편집자는 판단하는 사람이며, 의미를 나르는 기호를 가공하는 사람이며, 상충하는 이해를 조정하는 사람이다. 출판사마다 또는 한 출판사 안에서도 직급이나 직위에 따라 그 비중에 차이가 있을지언정 '에디터십'이라는 추상적인 정신능력이 대략 판단능력, 가공능력, 조정능력의 세 범주로 구성된다는 데 크게 이의가 제기될 성싶지는 않다. 이 세 범주의 능력에 대한 비판적 고찰이 이 책의 몸통을 이룰 것이다.

판단의 힘

책이 만들어지는 과정은, 심지어 만들어진 책이 독자의 손에 들어가는 유통과정조차도 판단의 연속이다. 담당자가 판단을 유보한 채로 진행될 수 있는 일이란 상상할 수도 없다. 우선 책의 재료가 되는 원고를 입수하는 과정에서부터 판단해야 할 일은 수두룩하지만, 그것을 일일이 열거할 필요는 없을 듯하다. 대부분의 출판인들은 흔히 말하는 '기획력'이라는 것이 근본적으로 판단능력에 기반할 수밖에 없다는 것을 너무나 잘 알고 있다. 하지만 정작 문제는 그 다음이다.

출간이 확정된 완성된 형태의 원고가 존재한다면, 이제 편집자에게 남은 일은 그저 밤을 낮 삼아 열심히 책으로 만들어내는 다분히 기능적인 작업뿐일까. 출판사를 경영하시는 사장님들뿐 아니라 편집자들 중에서도 이렇게 생각하시는 분들이 의외로 많다. 그 증거는 어렵지 않게 제시할 수 있다. 마치 '편집자'와는 다른 '기획자'의 정체성이 따로 있기라도 한 양 '편집'과 '기획'을 분리해서 사고하려는 경향이 바로 그것이다. 양자를 분리하는 기준에도 물론 여러 가지가 있겠지만, 그 가운데 하나는 분명 '판단'이 개입하는 정도 또는 '업무능력에서 판단능력이 차지하는 비중'일 것이다. 가령 일반적인 의미에서의 '편집'과는 성격이 사뭇 다른 '기획'이라는 영역이 따로 있다면 그것은 일상적인 편집과정에서 요구되는 이상의 판단이 작용하는 영역이라는 의미일 것이며, 반대로 이런 의미의 '기획'을 떼놓은 '편집'이란 별다른 '판단'이 필요치 않은 그저 '위에서 시키는 대로' '주어진 스펙대로' '정해진 작업 매뉴얼대로' 수행하는 작업을 의미할 것이다. 적어도 대다수의 통념은 그 테두리를 크게 벗어나지 않는다.

구조물은 설계도와 분리되지 않는다

그런데 과연 그럴까. 책이라는 구조물을 만드는 일은 가령 집을 짓기 위해 벽돌을 쌓는 일과는 전혀 다른 성격의 일이다.

물론 벽돌을 쌓을 때도 분명히 판단이 요구되기는 한다. 지금 내가 하는 작업이 설계가 허용한 오차 범위 안에서 이루어지는 일인가, 내가 하는 작업의 결과가 설계도가 제시한 결과와 일치할 것인가, 혹시 설계자의 시공 감리 과정에서 지적을 받아 다시 작업해야 하는 것은 아닐까… 이런 정도의 판단은 당연히 필요하다. 하지만 벽돌을 쌓는 사람은 일단 벽돌만 잘 쌓으면 된다. 설계도가 제시하는 대로 틀림없이 작업을 했는데도 문제가 발생했다면, 그건 애당초 설계가 잘못된 것이고 그 책임은 그렇게 작업을 하라고 지시한 설계자에게 있을 터이다.

이와는 달리 책이라는 구조물은 '의미'라는 벽돌로 이루어져 있다. 의미는 눈에 보이는 것이 아니며 의미를 매개하는 기호는 벽돌처럼 일정한 규격을 가진 실물이 아니다. 다시 집 짓는 일에 비유하자면, 책을 구성하는 기호 하나하나는 실은 '벽돌'이 아니라 때로 벽돌일 수도 있고 때로 기왓장일 수도 있으며 때로 문틀일 수도 있고 어쩌면 배관이나 인테리어 소재일 수도 있다. 설령 업무 효율을 위해 '기획 업무'만을 전담하는 사람(=설계자)이 따로 있다 해도 설계자가 일일이 어느 기호를 어떻게 사용하라고 시시콜콜 지시하는 설계도를 제시하는 것은 처음부터 불가능하다. 혹은 가능하다 해도, 그 설계도가 이미 '책'이다! 그러니 '기획'을 실현한다는 의미에서의 '편집'이 들어설 자리는 어디에도 없다. 따라서 의미의 구조물로서의 책을 만들어내는 과정 하나하나는, 설계도대로 시공하는 일이 아니라 설계도 자체를 완성해가는 과정일 뿐이며, 의연히 '설계자'에 준하는 판단이 요구된다. 예컨대 쉼표 하나, 토씨 하나를 넣고 빼는 일에도 주어진 '정답'은 없다. 그저 편집자의 '판단'이 있을 뿐이다.

의미를 가공하는 과정에서의 판단은 비단 기호를 어떻게 다루느냐(이 문제는 '가공능력 비판'에서 다시 집중적으로 다룰 것이다)에 그치지 않는다. 그보다 더 중요한 것이 있다. 벽돌을 쌓거나 기와를 올리거나 문틀을 짜넣는 일이라면, 그 작업이 제대로 된 것인지를 판단하는 준거가 분명하다. 설계도가 있기 때문이다. 그런데 책을 만드는 일은 그와 다르다면, 편집자가 제대로 '시공'했는지는 누가 무슨 수로 판단하는가.

실제로 '교정교열 과정'을 강의할 때 가장 자주 마주치는 질문 중의 하나가 바로 이것이다. "보려고 들면 한도 끝도 없는데, 도대체 어디까지 봐야 하나요?" 이런 질문이 나오는 것은 당연하다. 의미란 눈에 보이는 실물이 아니기 때문이다. 보는 사람에 따라 다르고 같은 사람이 보더라도 볼 때마다 조금씩 다를 수 있는 것이 의미이다. 나는 조금은 생뚱맞은 동문서답으로 들릴지도 모를 대답을 준비하고 있다. "원고 교열('교정교열'이라는 말은 출판계에서 흔히 쓰이고 있기는 하지만 상당히 어폐가 있는 표현이다. 앞으로는 '원고 교열'로 통칭하겠다. 이에 관한 자세한 설명은 113쪽을 보라)은 텍스트와의 싸움이기 이전에 시간과의 싸움이다."

책 한 권을 만드는 데 2년, 3년 공을 들일 수 있다면 사실 이런 질문이 나오지도 않았을 것이다. 하지만 책은 편집자의 '예술작품'이 아니다. 내 대답의 의미는 분명하다. "주어진 일정이 허락하는 한 최대한"! 그러자면 어떤 문제(정확히 말하면 '문제를 일으킬 가능성')는 무시하기도 해야 하고, 무시할 수는 없지만 문제의 소지 없이 정밀하게 다듬기엔 시간이 충분치 않다면(이 말도 실은 어폐가 있다. 의미의 세계에서 아무리 정밀하게 다듬는다고 문제의 소지가 '완벽하게' 사라지는 일은 없다. 다만 그 가능성을 줄일 수 있을 뿐이다) 문제점을 보완할 수 있는 대안을 찾아 땜질을 하기도 해야 한다. (말하자면 그렇다는 것이지, '땜질'이야말로 가장 확실한 해결책일 수 있다. 어차피 '정답'은 없으니까!)

이것이 가능하려면 '무엇이 더 중요하고 무엇이 덜 중요한지'에 대한 편집자의 판단이 필요하다. 즉 '텍스트와의 싸움'이 좀더 완성도 있는 의미의 구조물을 위해 어느 기호를 어떻게 사용하는 것이 더 적절한지에 대한 판단이라면, '시간과의 싸움'이란 책이라는 의미의 구조물을 이루는 기호 하나하나가 얼마만큼의 상대적 중요도를 가지는지에 대한 판단이다.

이것을 스스로 판단할 수 없다면, 의미의 가공작업은 원천적으로 불가능하다. 책 한 권 붙들고 세월아 네월아 '예술'을 하라고 내버려둘 출판사도 없거니와, 이런 판단이 결여된 채로 어떻든 일정은 맞췄다 해도 완성도에 심각한 흠결이 있을 것은 자명하기 때문이다. 되풀이되는 얘기지만, 이때 그 '결과'만을 가지고 '교정교열 능력' 운운하는 것은 과녁을 빗나간 화살이다. 이것은 '가공능력' 이전에 '판단능력'의 문제이다.

정리해보자. 편집자가 무엇이 더 중요하고 덜 중요한지를 '스스로' 판단해야 한다는 것은, 앞서 제기된 질문, 편집자의 '시공'이 제대로 된 것인지를 누가 무슨 수로 판단하는가에 대한 답을 제시한다. 당연히 '스스로' 판단한다. 현장에서 '몇 년씩 종잇밥을 먹고도 뭐 하나 제대로 하는 일이 없다'고 지목되는 사람들은 대부분 바로 여기에 문제가 있다. 늘 윗사람의 눈치를 보거나 전체적인 분위기를 살피려 들 뿐, 좀체로 '스스로' 판단하려 들지 않는다는 것. 이유는 분명하다. '판단'하는 사람에게는 그 판단에 대한 책임이 있다. 판단하기를 꺼린다는 것은 책임지기를 두려워한다는 것이다.

판단은 의사결정이 아니다

백번 지당하신 말씀이지만 현실을 모르는 이상론이라고 타박하실 분이 있을지 모르겠다. 실무자의 어설픈 판단 때문에 일을 그르치거나 큰 손해를 감당해야 했던 속쓰린 경험을 트라우마처럼 가슴에 담아두고 있는 분이라면 특히 그럴 것이다.

2008년에 방영된 병원드라마 〈뉴하트〉에 나왔던 인상적인 대사가 있다. '뒤질랜드'라는 유행어를 만들어냈던 '치프'께서 신입 레지던트들에게 업무 지시를 하는 장면이다. "혼자 해보겠다고 덤비다가 사고를 내도 '뒤질랜드', 그렇다고 별것도 아닌 일에 윗년차 호출해도 '뒤질랜드'…!" 나는 그 장면을 보다가 배를 잡고 뒤로 자빠졌다. 바로 편집자들의 처지가 그렇지 않은가. 도대체 윗사람의 판단을 구해야 할 문제인지 스스로 판단해야 할 문제인지는 또 누가 판단한단 말인가. 물론 당연히 기본적으로는 그것마저도 '스스로' 판단해야 한다.

하지만 그러기엔 조직이 떠안아야 할 위험부담이 너무 커진다. 나는 정작 그것(즉 어떤 사안은 누가 판단하는가의 문제)이야말로 '매뉴얼'이 만들어져야 할 내용이라고 생각한다. 희한한 것은, 편집자가 책을 만드는 과정에서 '케이스 바이 케이스'로 판단해야 할 내용은 무엇이 못미더운지 시시콜콜 '매뉴얼'을 만들어서 들이대며 판단의 여지를 좁혀놓고서는 정작 신통치 않은 결과를 놓고 "일을 알아서 찾아서 하는 건 고사하고 다 가르쳐주고 시키는 일도 제대로 못하냐"며 타박하는 회사일수록, 사장이 판단할 것은 무엇이고 편집장이 판단할 것은 무엇이며 개별 편집자가 판단할 것은 무엇인지 또는 편집부에서 판단할 것은 무엇이고 영업부에서 판단할 것은 무엇인지에 대해서 분명한 선을 제시하지 못하더라는 것이다. 하기는 희한

할 것도 없다. 어차피 모든 판단은 위에서 하고 아랫사람은 그저 윗사람의 판단대로 충실히 실행하기만 하면 된다는 발상에서 한 사람 한 사람의 조직구성원이 판단할 수 있는 범위를 명확히 한다는 것이 무슨 의미가 있겠는가.

다만 이렇게 묻고 싶을 뿐이다. 시공능력을 신뢰할 수 없는 기술자에게 시공을 맡기는 건축주는 없듯이, 편집자의 판단능력을 신뢰할 수 없다면 편집을 맡겨서는 안 되는 것 아닌가. 물론 집 짓는 일과 책 만드는 일은 다르다. 그러니 이렇게 물어도 마찬가지다. 내 머릿속에 '완벽하게' 구상되어 있는 글을 아무리 자세히 설명해준들 나 아닌 다른 사람이 내가 구상해놓은 그대로를 대신 써줄 수 있다고 믿는가. (나 같으면 그거 설명해줄 시간에 내가 그냥 써버리고 말겠다.) 위에서 '무능한 편집자'가 만들어지는 원인으로 '책임지기 두려워한다'는 점을 지적했지만, 알아서 판단하면 "누가 그걸 너더러 판단하라고 했느냐"고 구박하고 그래서 판단을 구하면 "그런 거 하나 알아서 판단하지 못하고 일일이 물어보느냐"고 쥐어박으면 책임지고 싶어도 책임질 방법을 못 찾게 된다. 점점 더 '스스로의 판단'에 자신이 없어지기 때문이다. 스스로 자신의 판단능력을 신뢰하지 못하는 사람이 도대체 무슨 판단을 '스스로' 할 수 있겠는가.

그렇다면 판단능력을 완전히 신뢰할 수는 없는 편집자에게 어떻든 책 만드는 과정을 스스로의 판단에 따라 수행하게 하려면 도대체 어떻게 해야 하는 걸까. 나는 개념을 좀더 명확히 하자고 제안한다. 판단하는 일과 결정하는 일은 다르다. 즉 위에서 했던 말을 좀더 정교하게 다듬는다면 이렇게 된다. 누가 무엇을 판단하는지는 실은 따로 정할 필요가 전혀 없다. 누구나(누가) 그때그때의 상황에 따라 판단이 필요한 것을(무엇을) 판단하면 된다. '매뉴얼'이 필요한 것은 '판단'에 대한 것이 아니라 '결정'에 대한 것이다. 결정은 사장이 하지만 판단은 편집장이 할 수도 있고, 결정은 편집장이 하지만 판단은 담당 편집자가 할 수도 있으며, 결정은 담당 편집자가 하지만 판단은 그를 보조하는 수습 편집자가 할 수도 있다.

판단은 의사소통의 재료다

편집자는 그 능력 여하를 불문하고 어떻든 '판단' 하라고 월급을 받는 사람이고 판단을 하지 않는다면 사실상 아무 일도 하지 않는 것이다. 그리고 그것은 자신이 그 판단에 대해 결정권을 행사할 수 있는지 여부와 무관하다. 그렇다면 판단에 대한 책임의 범위도 달라진다. 판단에 대한 책임은 그것을 결정권자에게 관철시키는 데까지이다. 즉 결정을 유도할 수 없는 판단은 이미 판단이 아니며, '부결'로써 책임을 진다. 어떤 결정이든 결과에 대한 책임은 결정한 사람이 지는 것이 마땅하다.

이 자명한 이치가 현장에서 적용되기 어렵다면 그 이유는 결국 의사소통 구조 때문이다. 하다못해 토씨 하나, 쉼표 하나를 넣거나 빼는 일조차 사람마다 판단이 다를 수 있는데, 서로 자신의 판단에 따라 의견을 제출하고 가장 타당성 있는 의견을 좇아(물론 어떤 의견이 가장 타당한지는 최종결정권자가 판단하지만) 결정이 이루어지는 것이 아니라, 의견이 다를 때는 누가 결정해야 하는지도 모호한 가운데에서 누군가 한 사람의 판단이 (타당성에 대한 아무런 검토 없이 대개는 단지 그가 상급자나 선배라는 이유만으로) 일방적인 결정으로 이어진다면, 다른 사람들은 그에 대해 판단할 필요가 사라져버린다. 사람이란 이기적이어서 굳이 자기가 판단하지 않아도 되는 일을 애써 판단하려 하지 않게 마련이다.

이것은 비단 상급자와 하급자 또는 선배와 후배 사이에만 국한되는 일이 아니다. 사실상 '일방적인 지시'를 '회의'라고 착각하는 관행도 문제이긴 하지만, 책을 만드는 과정에서 진짜로 '회의'를 해야 할 일은 훨씬 더 많다. 가령 저자와 편집자 사이에서 또는 편집자와 디자이너 사이에서도 비슷한 일은 얼마든지 일어날 수 있다. 흔히 볼 수 있는 풍경이지만, 저자나 디자이너가 일방적인 의사소통에 익숙해서 자신의 판단만 강변할 뿐 도무지 편집자의 판단을 신뢰하려 하지 않는다면, 그리고 이런 과정이 되풀이되어 경험으로 축적된다면, 편집자는 애써 판단할 필요를 못 느끼게 되기 쉽다.

하지만 그래서 편집자의 판단이 사라진다면, 그런 '회의'는 하나마나한 시간 낭비다. 문제는 저자가 어떤 판단을 하든 디자이너가 어떤 판단을 하든 이 '회의'의 결정권자는 편집자이며, 어떤 결정이 내려지든 그 결과에 대한 책임은 결국 편집자에게 돌아간다는 데 있다. 그렇기 때문에 모든 편집자는 자신의 판단을 관철하기 위해 애를 쓴다. 이것은 엄밀히 말해 뒤에서 다룰 '조정능력'에 관한 문제이지만, 애당초 명료한 판단이 없다면 조정하고 말고 할 내용 자체가 없다는 건 두 번 말하면 잔소리다. 바꿔 말하면 판단능력이 신통치 못한 사람이 '뛰어난 조정능력'을 발휘한다는 것은 어불성설이다. 도대체 무엇을 위해 무엇을 조정해낸다는 것인가.

뻔한 말 같지만, 이 점을 굳이 강조하는 데는 이유가 있다. '자신의 입장'이라는 것이 없이 물에 물 탄 듯 술에 술 탄 듯 '좋은 게 좋은 거'라는 식으로 구렁이 담 넘듯 하는 의사소통 방식에 익숙한 사람들이 그렇지 않은 사람보다 '조정자'로서의 역할에는 더 적합하다는 평가를 받는 것이 한국적인 문화풍토이기 때문이다. 그렇게 해서 무언가 화기애애하게 의사소통이 잘 된 것 같은데 막상 해결된 일은 아무것도 없는 황당한 사태가 일어난다면, 그것은 '조정능력'의 문제가 아니라 '판단능력'의 문제이다.

편집자에게는 판단자, 가공자, 조정자의 세 가지 위상이 있으나, 그 중의 단연 기본은 판단자일 수밖에 없다. 편집자는 본질적으로 판단하는 사람이며 편집은 처음부터 끝까지 편집자의 판단이다. 가공은 편집자의 판단을 구체적으로 실현하는 과정이며, 조정은 책 만드는 일에 관여하는 다른 주체들의 판단을 수렴시켜 편집자의 판단을 완성시켜가는 과정일 뿐이다.

판단하지 않는 편집자는 무능하다

그야말로 사소하기 짝이 없는 판단 착오가 때로 수습이 불가능할 만큼 엄청난 결과를 초래하기도 한다는 것쯤은 꼭 출판 일이 아니더라도 사람살이에서 비일비재하게 경험할 수 있는 일이다. 그래서 어떻게 하면 매사에 좀더 정확한 판단을 할 수 있을지를 고민할 수밖에 없는 것이고, 그것이 앞서 서술했듯 편집자의 업무능력에서 핵심적인 부분을 구성한다.

하지만 '매사에 정확한 판단을 한다'는 것은 신이 아닌 인간에게는 불가능한 일이다. 어쩌면 그래서 스티븐 킹이 "편집은 신이 하는 일"이라고 말했는지도 모르지만, 대가를 받고 제 노동력을 팔 수밖에 없는 사람에게 '신'이 되기를 요구하는 것은 잔혹한 일이다. 따라서 '어떻게 하면 매사에 좀더 정확한 판단을 할 수 있을까' 하는 판단능력에 대한 기대는, 다음과 같이 좀더 정교하게 그리고 겸손하게 수정되어야 한다. '어떻게 하면 판단 착오의 가능성을 좀더 줄일 수 있을까.'

그런데 이 문제로 본격적으로 들어가기에 앞서 반드시 먼저 살펴

보아야 할 문제가 있다. 개인적인 경험 하나를 털어놓겠다.

내가 오래도록 '똥개'라는 통신명을 본명보다 더 즐겨 써왔다는 걸 아시는 분들에게 다소 뜻밖으로 들릴지는 모르겠지만, 나는 기실 개를 몹시 무서워하는 편이다. 그래서 주변의 지인들은 "개가 개를 무서워한다"고 곧잘 놀리곤 하지만, 그때마다 나는 정색을 하고 "사람한테 제일 무서운 게 뭐냐? 귀신보다 사람이 더 무섭지. 그러니 개도 개가 제일 무서운 건 당연해"라고 짐짓 시치미를 뗀다. 아무튼 서둘러 지나가야 할 길목에 개가 어슬렁거리고 있으면, 아무리 바빠도 에둘러 돌아갈 다른 길로 발길을 돌리기까지 할 정도다. 그런데 가끔은 미처 개가 있다는 것을 미리 알아채지 못하고 원수 외나무다리에서 만나듯 개와 딱 마주칠 때가 있다.

이때 내가 선택할 수 있는 길은 두 가지뿐이다. 운수 불길하여 개한테 물리는 불상사가 일어날지도 모르지만 그쯤은 각오하고 눈 질끈 감고 돌파하거나, 아니면 도망치듯 피하다가 쫓아오는 개한테 물릴 가능성은 매한가지겠지만 혹시라도 개가 나를 발견하지 못했기를 바라면서 서둘러 뒤돌아 나오거나. 그런데 실은 여기에 이도저도 아닌 제3의 선택지가 하나 더 있다. 어느 쪽도 쉽게 선택하지 못하고, 그 자리에서 어쩔 줄 몰라서 개의 눈치만 살피며 바들바들 떨고 있기가 그것이다. 그것은 주관적으로야 아무것도 선택하지 않은 채로 선택의 여지를 남겨두고 있는 것이지만, 실은 그 자체로 하나의 선택인 셈이며 심지어 다른 어떤 선택보다 나쁜, 가장 나쁜 선택을 한 것이다. 요컨대 '무엇인가를 판단해야 할 때 아무것도 판단하지 않는 것'도 하나

56

의 판단이며, 대개는 가장 나쁜 판단이기 쉽다.

판단은 타이밍이다

나는 삶의 어떤 계기에서 중요한 판단을 앞두고 망설이는 지인들이
내게 조언을 구해올 때 이 이야기를 들려준다. 판단해야 할 순간에
어떤 이유에서든 판단을 유보하는 것은 '아직 아무것도 판단하지
않은 것'이 아니라 실은 '가장 나쁜 판단을 한 것'이니, 어느 쪽이든
'시기를 놓치지 말고' 빨리 판단을 하라는 것이다. 어떤 판단에서든
가장 중요한 요소는 타이밍이다. 판단이 필요한 가장 적절한 시점
에 판단을 망설이는 것은 대개 '잘못된 판단'보다 훨씬 더 나쁜 결과
를 낳는다.

　편집자가 현장에서 마주치는 일의 대부분이 그러하거니와, 내가
판단하지 않아도 그와 무관하게 일은 일대로 진행되는 경우라면 마
치 운전기사가 딴생각을 하거나 한눈을 파는 동안에도 움직이는 자
동차처럼 위험천만한 일이다. 또한 설령 내가 판단을 유보하고 있는
동안은 더 이상 아무것도 진행되는 일이 없는 경우라 하더라도 그렇
게 손을 놓고 있는 딱 그 시간만큼 손해가 발생하리라는 것은 자명
하다. 문제는 자신의 시간만이 아니라 그 일에 직간접으로 연결되어
있는 수많은 사람들의 시간까지 무의미하게 흘러가며, '섣부른 판
단'으로 인한 손실은 어떤 형태로든 또 누구에 의해서든 얼마간 보
전이 가능하지만 사람이 시간을 거슬러 살 수 있는 재주가 없는 한
한번 흘러간 시간은 어떻게도 회복이 불가능하다는 것이다.

설마 세상살이의 이런 자명한 이치를 몰라서 현장 편집자들의 일 머리가 어수선한 것은 결코 아닐 것이다. 그러니 이런 식으로 이야기를 끌어가는 것이 하나마나한 지면 낭비로 여겨질지도 모른다. 그런데 실제로 편집자 지망생들이나 초보 편집자들에게 강의를 하다 보면 무척 당혹스러워질 때가 있다. 그저 가볍게 전제를 환기하는 차원에서 그리 대단할 것도 없는 이런 '상식 수준'의 이야기로 말문을 열면, 마치 무슨 심오한 고담준론이라도 펼쳐지는 양 강의실 분위기가 눈에 띄게 무거워지며, 어느 수강생의 표현처럼 '도 닦는 분위기'가 되어버리곤 한다. 생전 처음 들어보는 낯선 세계를 마주한다는 듯한 눈빛들이 나를 당혹스럽게 하는 것이다.

그도 그럴 것이 '시험 선수'의 양성소가 되어버린 중등교육의 현실은 물론이려니와, 대안적 소통공간의 흔적조차 사라져버린 대학 문화가 이제껏 경험한 세상의 전부였을 터이니 자신의 내면을 메타적 시야에서 응시하는 대자對自적 사유나 그러한 사유들이 소통 속에서 확장되는 토론이란, 달구지 타던 사람이 처음 보는 기차만큼이나 낯설 수밖에 없다. 그것이 내가 어떻게 생각하면 뻔하디뻔한 이야기로 굳이 귀한 지면을 어지럽히는 이유이다.

작금의 출판 현장에서 편집자들의 '에디터십'에 심각한 문제가 노정되는 것은 새삼스럽게 애써 찾아야 할 어떤 '전문성'이 결여되었기 때문이 아니다. 내 또래의 편집자라면 굳이 누가 가르쳐주거나 의식적으로 배움에 힘쓰지 않더라도 삶의 이러저러한 계기에서 자연스럽게 터득되었을 '기본 중의 기본'에 속하는 사람살이의 태도조차도 누군가 일부러 일깨워주지 않으면 도무지 갈피를 찾지 못하는 이들이 헤아릴 수 없이 많아졌기 때문이다. 하지만 흔한 말로 '회사는 학교가 아니'므로 언뜻 구체적인 일머리와는 직접 인연이 닿지 않을 이런 문제들까지 고참 선배가 일일이 거들어 챙길 수 없는 노릇이니, 이런 지면을 통해서라도 '성장기'에 이미 체득했어야 할 사회생활의 기초부터 차근차근 따져보자는 것이다.

두려워하지 말라? 더 두려워하라!

꼭 출판 일이 아니더라도 일반적으로 판단이 필요한 문제 앞에서 망설이며 뒷걸음을 치는 이유는 대략 두 가지쯤으로 정리된다. 그 하나는 이런 것이다. 어느 쪽이든 선택을 해야 하는 복수의 선택지가 있을 때, 어느 선택지도 흔쾌하게 받아들이기가 달갑지 않을 때가 있다. 진퇴양난이니 딜레마니 하는 말이 공연히 생기지는 않았을 터이다. 가령 앞서 예를 든 골목길에서 개를 마주친 경우가 그렇다.

어느 쪽으로 판단을 하든 만족할 만한 결과와는 거리가 멀다면, 더구나 그것이 '책 만드는 일'을 통해 상업적 이익을 구현해야 한다는 현실적 책임의 문제와 연결되어 있다면, 판단이 망설여지는 것은 어찌 보면 당연한 인지상정이다. 내가 판단을 망설이는 동안 누군가가 대신 판단해주기를 은연중 기대하는 것인지도 모른다.

설령 앞서 언급한 대로 결정권까지 행사하지는 않고 다만 타당성이 결여된 판단에 대해서는 '부결'로써만 책임질 뿐이라 해도, 그것이 결과적으로 자신의 '판단능력'에 대한 부정적 평가로 연결될 수밖에 없는 것이 엄연한 현실이기에, 판단을 회피하려는 두려움을 아주 이해하지 못할 바도 아니다. 그런데 바로 '골목길의 개'가 시사하듯이 판단을 유보한다고 해서 내키지 않는 선택을 해야 하는 상황이 저절로 사라져주지도 않을뿐더러, 전혀 고려에 넣지 않았던 더 나은 선택지가 하늘에서 떨어져주는 것도 아니다. 따라서 단순히 결과에 따른 책임에 대한 두려움만으로 이 상황을 설명하는 것은 어딘지 옹색하다. 판단을 유보하는 바람에 발생할 수 있는 더 나쁜 결과에 대한 책임이 덜 두려울 리는 없지 않은가.

나는 그보다 더 중요한 이유가 또 있으리라고 짐작한다. 그것은 판단에 이르는 사유방식의 문제이다. 어느 쪽도 달갑지 않은 선택지들을 앞에 두고 선뜻 판단을 내리지 못하는 사람들에게 구체적으로 무엇을 고민하는지 물어보면 열이면 열, "어느 쪽이 더 나은지 모르겠다"는 대꾸가 돌아온다. 하기야 개한테 물리기는 매한가지라면 전진하다 물리든 후퇴하다 물리든 더 나을 게 있을까.

그런데 나는, 이렇게 '무엇인가를 선택한다는 것'을 너무나 당연하게 '더 나은 선택지를 취하는 것'이라고 여기는 사람들을 보면 조금은 샘이 나기도 한다. 적어도 내게 있어 선택이란 언제나 '더 나쁜 선택지를 버리는 것'이었기 때문이다. 한때 유행했던 우스개의 말투를 흉내내서 과장하자면, 세상에는 두 종류의 사람이 있다. 여러 가지의 가능한 판단 가운데 더 나은 판단을 고르는 데 익숙한 사람과 덜 나쁜 판단을 남기는 데 익숙한 사람! 달갑지 않은 선택조차도 주저하지 않는 것은 결과에 대한 두려움쯤은 아무렇지도 않을 만큼 대단히 냉정한 강심장을 가졌기 때문이 아니다. 오히려 그 반대다. 어느 한순간도 삶에 대한 원초적인 두려움에서 자유롭지 못하기 때문에, 죽기 전에는 도망갈 곳이 없다고 일찌감치 체념해버린 것이다.

좀더 친절하게 부언하자면, 책 만드는 일을 포기하지 않는 한 어차피 판단에 대한 책임으로부터 도망갈 곳은 어디에도 없다. 그러니 달갑지 않은 선택을 하기보다 판단을 미루기가 훨씬 더 어려울 수밖에 없다. 두말할 나위도 없이 대개의 경우 판단 유보야말로 가장 무거운 책임이 뒤따르는 가장 나쁜 선택지일 테니까. 그런즉, 판단 유보라는 고질적 증상에 대한 나의 '업그레이드' 처방은 "두려워하지 말라!"가 아니라 "더 두려워하라, 언제나 두려워하라!"이다. 덜 나쁜 선택지를 남기는 데 익숙해질 때까지!

'귀차니즘'을 넘어서

그나마 어느 쪽이 더 나을지를 '치열하게' 가늠하느라 판단을 망설이다가 적절한 시점을 놓치는 것은 그래도 '양반'에 속한다. 어떻든 거기에 판단과 그에 따르는 책임에 대한 실존적 두려움이 개입하고 있는 것만은 틀림없으니 말이다. 실은 이보다 훨씬 더 광범위하게 만연해 있는 또 다른 이유가 있다. 이 경우 '(판단을) 망설인다'는 표현이 적절할지조차 의심스럽기는 하지만, 아예 '아무 생각이 없다'는 막말로밖에 표현할 수 없는 경우가 있다.

애초에 판단능력이 모자라서 그러는 것도 아니어서, 뒤에 이어질 '판단능력 향상을 위한 처방'들도 별 소용이 없다. 작심하고 제대로 달려들면 다른 어느 누구보다도 적절한 판단을 한다는 점에서 충분히 신뢰할 만한 판단능력을 가진 사람인데도, 여간해서는 그 '작심'이 서지 않으니 문제인 것이다. 부모들이 "우리 애가 머리는 좋은데, 노력을 안 해서…" 운운하는 게 대한민국의 3대 거짓말 중 하나라지만, 정말로 딱 그런 경우다.

그리고 실은 이것이야말로 그다지 새삼스럽지도 않은 내용이 '도 닦는 분위기'를 연출할 수밖에 없는 배경이기도 하다. 기본적으로 체력이 좋아서 웬만한 사람이라면 용을 써야 할 만큼 무거운 물건을 별 힘 안 들이고 번쩍번쩍 들어올리는 사람이라도, 일상에서 별로 기운 쓸 일이 없다가 막상 몸에 붙지 않은 힘을 쓸 일이 생기면 어느 정도 익숙해질 때까지 시간이 걸리게 마련이다. 하물며 신체 작용과는 또 다른 방식으로 작동하는 정신 작용이라면, 아무리 평균 이상의 훌륭한 능력을 가진 사람이라도 전혀 훈련되지 않은 방식의 생각을 일삼아 하기란 쉽지 않다. 아니 어떤 방식이건 간에 아예 '생각'이라는 것 자체를 끈질기게 밀어붙이는 경험을 거의 해본 적이 없다면, 그리고 성장기의 청소년이 아니라 이미 다 큰 어른이 그렇다면, 그것을 일삼아 할 수 있도록 몸에 붙이기란 웬만한 '작심'으로는 어림도 없는 일이다.

노골적으로 말하자면, 어느 쪽이 더 나을지 결과에 대한 책임이 두려워 판단을 '못하는' 것이 아니라, 어느 쪽이 더 나을지를 저울질하기가 귀찮아서(저울이 부실하거나 저울질이 서툴러서가 아니라) 판단을 '안 하는' 것이다. 오죽하면 온갖 이데올로기가 퇴조한다는

이 시대에 가장 강력한 이데올로기는 '귀차니즘'이라는 우스개가
다 나올까.

　앞길을 가로막은 개가 무서워 전진도 후퇴도 못하는 상황에 비유
하자면, 어떻게 하면 그 상황을 벗어날 수 있을까에 대한 생각은 도
통 없는 대신 목적지에 도착한 다음에 할 일들에 대한 상상으로 머
릿속이 그득한 셈이라고나 할까. 물론 그 자리에서 그러고 있는 한
은 상상하는 일이 결코 현실이 될 수 없지만, 아무려면 어떤가. 상상
만으로도 이미 충분히 만족스러운 것을. 그러니까 이 사람은 '실제
로' 집에 가서 밥을 먹는다거나 애인을 만나 영화를 본다거나 하는
것 자체에는 기실 별로 관심이 없다. 따라서 그러려면 개한테 물릴
각오쯤은 해야 한다는 것도 문제가 아니다. 그에게 중요한 것은 그
가 지금 밥을 먹거나 영화를 보는 일을 간절히 욕망하고 있다는 것
이다. 이런 친구들에게는 '치열함'에 관해 설교를 늘어놓는 것도 부
질없는 일이기 쉽다. 내 경험상, "당신은 얼마나 자신의 삶에 치열한
가"를 물으면 대개는 "나는 얼마나 내 욕망에 간절한가"를 대답함으
로써 자신이 얼마나 치열하게 사는 사람인지를 강변한다. 공연히 시
치미를 떼는 게 아니라 진짜로 그렇게 믿는다.

　물론 "생각 좀 하면서 일하라"고 다그치지도 못한다. 역시 '자신
이 얼마나 열심히 생각하는지' 확신하고 있기 때문에 되로 주고 말
로 받기가 다반사다. 그리고 그 반론은 조금도 과장되지 않은 사실
그대로일 것이다. 다만 더 이상 생각하기 귀찮아서 유보한 부분에
대한 언급이 생략되어 있을 뿐. 몸을 움직이는 일이라면 좀 귀찮아

하더라도 사회적 압력을 통해서 얼마든지 하게 할 수 있지만, 머리를 움직이는 일을 귀찮아하면 사실 뾰족한 방법이 없다. 그저 냉혹하게 결과로 책임을 물을 수밖에. 영화 〈미녀는 괴로워〉의 대사처럼, "열심히 하는 게 중요한가 뭐? 잘 하는 게 중요하지."

다른 각도에서, 몸을 움직이건 머리를 움직이건 귀찮아하는 일을 굳이 꼭 하게 하려면 방법은 하나밖에 없다. 끊임없이 귀찮게 하는 것! 정말 못할 노릇이긴 하다. 하지만 아예 해보겠다는 의지가 없는 것도 아니고 딴에는 열심히 하노라고 하는 사람에게라면, 그리고 열심히 안 하는 부분이 있어서 문제지 열심히 하는 부분만 보면 충분히 유능한 사람에게라면, 냉혹하게 결과로 책임을 물으며 "취미로 하실 거면 그냥 집에 가서 하시라"고 손을 터는 것보다야 덜 폭력적일 것이다. 사실 내 또래들도 그런 방식으로 '사고 훈련'을 했을 뿐이지, 설마 태어나면서부터 '생각'이라는 것을 일삼기야 했겠는가. "파쇼 물러가라고 데모하는 선배들이 더 파쇼"라는 비아냥까지 들어가며 '세미나'라는 이름으로 후배들을 엄청나게 귀찮게 하는 '못할 짓'을 서슴지 않은 선배들이 있었기에 가능했던 일이다.

물론 구체적인 실무를 놓고 사사건건 토론을 벌이며 귀찮게 잔소리를 해대는 것은 생산적이지도 효율적이지도 않다. "그럴 바에야 그냥 자기가 하지 뭐하러 나한테 시키고 못미더워하느냐"는 볼멘소리 끝에 '사고 훈련'의 취지는 사라지고 갈등만 증폭되기 십상이다. 그렇다면 회사는 학교가 아니긴 하지만, 그리고 늘 야근을 불사해도 모자랄 만큼 바빠 돌아가는 전쟁터 한복판이긴 하지만, 그래도 1주일에 하루, 그 중에 한두 시간만이라도 할애해보는 건 어떨까. 그저 텍스트 따라가기에 급급한 형식적인 세미나가 아니라 그 시간만이라도 제대로 '귀찮아지도록' 사고 훈련을 해보는 것이다. 이것이 '귀차니즘'에 대한 내 처방이다.

왜냐고 생각하기 why-thinking

편집이라는 작업은 처음부터 끝까지 판단하는 일이다. 책을 만드는 과정에서 편집자는 단 한 순간도 판단으로부터 자유로울 수 없다.

원고를 입수하여 검토하는 과정에서 이 원고가 과연 책이 될 수 있을지를 판단해야 하고, 책으로 만들 수 있다면 어떤 책을 만들어야 할지 판단해야 한다. 그러기 위해서는 이 원고를 책으로 만들었을 때 누가 독자가 될 수 있는지, 또 그 독자는 어떤 목적으로 이 책을 사서 읽을 것인지 판단해야 하며, 책을 어떻게 만들었을 때 그러한 목적에 가장 부합할지도 판단해야 한다.

구체적으로 책을 만들어가는 과정에서 출간 방향에 비추어 지면을 구성하는 기호(문자 텍스트는 물론이려니와, 그래픽 이미지들과 그 조합까지도) 하나하나가 얼마나 적절하게 의미 작용을 하고 있는지를 판단해야 하며, 편집을 완료하고 제작에 넘겨도 되는지 완성도를 판단해야 한다. 또한 가능하면 가장 적은 비용으로 가장 좋은 효과를 낼 수 있는 방법이 무엇인지를 판단해야 하고 자신의 판단 하나하나에 대하여 비용 대비 효과를 판단해야 하며, 저자와 디자이너 등 책을 만드는 과정에서 손발을 맞추어야 하는 다른 사람들과 가장 효과적으로 의사소통할 수 있는 방법이 무엇일지를 판단해야 하고 자신이 취하는(또는 취하지 않는) 언행 하나하나가 효과적인 의사소통에 얼마나 도움이 되는지(또는 방해가 되는지) 판단해야 한다. 책이 만들어진 다음에는 책에 대한 자신의 판단이 독자들에게 효과적으로 실현되었는지, 그렇지 못한 점이 있다면 그 원인은 무엇인지 판단해야 한다.

그런데 이 모든 과정을 논리적으로 모순 없이 철저하게 구성해낼 수 있는 사람이 있다면, 아마 모르긴 해도 대부분의 사람들에게 사람처럼 보이지 않을 것이다. 사람이 기계가 아닌 한 그것은 불가능한 일이기 때문이다. 사람은 누구나 정도 차이는 있을망정 모순에 가득 찬 존재이고, 하나의 분명한 목적을 위한 일련의 판단들 사이에도 논리적으로 해명이 불가능한 비약과 모순은 필연적으로 존재할 수밖에 없다. 그리고 때로 그렇듯 논리를 초월한 비약이 창조의 원천이 될 수도 있고, 언뜻 앞뒤가 맞지 않는 듯한 모순적인 판단들이 치명적인 위험을 피하게 하는 지혜로 작용하기도 한다.

게다가 대개 잘못된 판단 때문에 뜻하지 않은 낭패를 보게 되는 것은, 그 판단 자체에 논리적 흠결이 있어서가 아니라 판단의 주체가 그 판단이 결코 완전무결할 수 없음을 망각해서 빚어지는 일이기 쉽다. 쉽게 말하자면, 자신이 매우 합리적이고 이성적이며 언제나 정확한 판단을 하고 있다고 믿는 사람일수록 판단을 그르치는 경우가 훨씬 더 많더라는 것이다. 또 좀더 정교한 판단을 위해 논리적 모순을 제거하려 애쓰면 애쓸수록 더 큰 모순에 마주치며 헤어나올 수 없는 늪에 빠져드는 것도 흔히 볼 수 있는 일이다.

그러니 판단능력을 고양시킨다는 것이 '한 치의 모순도 허용하지 않는' 기계적인 사고에 도달하려는 헛된 노력이나 '창조적 비약'의 가능성을 봉쇄하는 고지식함을 옹호하는 어리석음이어서는 안 된다는 점은 미리 분명하게 전제해두자. 다만 그럼에도 불구하고, 다른 어떤 판단이 아닌 책을 만드는 과정에서의 편집자의 판단이란 근본적으로 자신을 위한 것이 아니라 타인을 위한 것이라는 점이 고민의 출발점이다.

사람이란 살면서 때로 아무런 이유가 없는 행동을 하기도 하고, 별다른 근거가 없는 판단을 하기도 한다. 그리고 그것이 다른 사람에게 위해를 끼치지 않는 한, 그 이유를 설명할 필요도 없고 근거를 제시할 까닭도 없다. 그러나 가치를 만들어내는 판단, 곧 판단하는 일 자체를 직업적으로 수행하는 경우라면 자신의 판단이 얼마나 '객관적으로' 가치 있는 것인지를 스스로 입증하지 않으면 안 된다. 다른 사람에게 쓸모가 없는 물건은 아무리 열심히 만들었다 해도 그 대가를 다른 사람에게 요구할 수 없다. 마찬가지로 다른 사람에게 쓸모가 없는 판단이라면 그것이 아무리 치열한 사유의 결과라 해도 그 대가를 요구할 수 없을 것이다.

그리고 누누이 강조하지만, 편집자는 '판단하는 일'을 하는 대가로 봉급을 받는 사람이다. 즉 좁게는 출판사라는 기업에, 나아가서는 저자와 독자에게 자신의 판단을 파는 것을 직업으로 하는 사람이다. 따라서 그 판단은 판단의 주체인 자신에게만이 아니라, 그 판단을 사는 출판사에 가치 있는 것이어야 하며, 그 판단을 통해 만들어진 책을 사는 독자에게 가치 있는 것이어야 하고, 그 판단의 가치를 믿고 저작물의 출판을 허락한 저자에게 가치 있는 것이어야 한다.

그러하기에 판단의 가치를 설득할 수 없다면, 그 판단은 그 자신에게야 여전히 가치 있는 것일지는 모르나 경제적 대가로 교환될 수 있는 것이 아니며 따라서 편집자의 직업적 판단으로서는 의미를 가질 수 없다. 그것이, 위에 전제했다시피 사람의 판단이란 근본적으로 모순과 비약을 피할 수 없다는 점을 충분히 인정하더라도, 편집자의 모든 판단에는 설득력 있는 근거가 뒤따라야 하는 까닭이다.

근거를 제시할 수 없다면 판단이 아니다

누구나 특정한 상황에서 나름대로의 판단을 할 수는 있지만, 근거를 제시하는 데 실패하거나 인과관계를 입증하기 곤란한 엉뚱한 근거를 제시한다면 설득력을 가지기 어렵다. 물론 때로 논리적 인과율과는 상관없이 감정에 호소하거나 여러 가지 사회적 관계망에 기반하는 권위에 의존하는 등의 방법을 통해서도 얼마든지 설득력을 확보할 수 있는 것이 현실이고, 또한 때로 그것이 현명한 처세이기도 하다는 것을 부인하기는 어려울 것이다. 하지만 그것은 언제나 특정한 상황에서 일시적인 효과를 나타낼 뿐이다. 설령 그 효과가 그 어떤 합리적인 근거보다 더 강력하다 할지라도, 어떤 상황에서나 또한 지속적으로 그와 같은 정도의 설득력을 가지리라고 장담하기는 어렵다. 요컨대 논리적 인과율에 천착하는 것은 사람이라는 존재에게 모순 없는 사유

가 가능하다는 헛된 미망 때문이 아니라 그것이 담지하는 '보편적' 속
성 때문이다.

근거가 제시되지 않은 판단이란 신앙이나 정서적 공감, 또는 권위
에 기반한 추종의 대상일 수는 있어도 비판과 토론의 대상일 수는 없
으며, 따라서 착오나 오류의 가능성을 점검할 수 있는 통로를 봉쇄한
다. 현실에서 편집자들에게 '판단능력'이 문제가 되는 것은, (앞서 언
급했듯 아예 판단을 하지 않는 '판단 유보'의 경우가 아니라면) 일상적인 사
회생활에 별다른 곤란을 겪지 않는 다 큰 어른들의 판단능력 자체에
심각한 흠결이 있다기보다는(물론 그런 경우도 아주 없지는 않지만), 자
신의 '직관적 판단'을 뒷받침할 설득력 있는 근거를 제시하지 못하기
때문인 경우가 많다.

마치 영화 〈주유소 습격사건〉에서처럼 "왜?"를 물으면 "그냥!"이
라고밖에는 대답하지 못하는 것이다. 이 영화가 개봉했을 때 수많은
비평들이 바로 이 대목을 지목하여 어떤 '시대적 징후'를 드러내는 것
으로 해석했던 것도 공연한 일이 아니다. 실제로 우리 사회에서 논리
적 추론을 통해 판단의 타당성을 객관적으로 점검하는 비판적 토론
은, 바로 그러한 토론의 대표로 흔히 거론되는 텔레비전의 심야 토론
프로그램에서조차 찾아보기 어려운 형편이다.

목적이 수단을 규정한다

편집자의 판단은 크게 두 가지로 나눌 수 있는데, 하나는 '목적'에 대
한 판단이고 다른 하나는 그 목적에 이르기 위한 '수단'에 대한 판단이

다. '목적'이란 당연히 '왜?'라는 물음에 대한 대답이다.

　인생관에 따라서는, 사람이 산다는 것에 무슨 특별한 목적이 있을 성싶지 않다고 여긴다면, 또는 목적지향적인 삶의 방식에 진저리를 내고 있다면, 삶의 어떤 계기에서 이루어지는 판단들에 굳이 합리적 근거가 필요하지 않을지도 모르겠다. 또 〈주유소 습격사건〉에서 남의 가게를 때려부수는 것처럼 다른 사람에게 피해를 주는 일만 아니라면, 자신의 행동 하나하나, 판단 하나하나에 '왜?'를 따져 물으며 목적을 의식하지도 않는다.

　하지만 사람이 무엇인가를 위해 사는 것은 아닐지 몰라도 편집자는 책을 만들기 위해 일을 한다. 목적이 없다면 일도 없고, 목적이 모호하다면 일도 엉망이 된다. 따라서 비단 출판 일뿐 아니라 어떤 일을 한다 해도, 언제나 '왜?'를 의식해야만 제대로 '일'을 할 수 있다. 출판편집처럼 추상적인 정신노동이 아니더라도, 가령 인형 눈 붙이기나 봉투 붙이기 같은 지극히 단순한 일조차도 그 작업을 왜 하는지를 생각하지 않을 때 불량률이 높아진다는 것은 자명하다. 하물며 '목적'에 대한 판단 자체가 편집자의 생산물이라면 '왜?'를 묻는 데 인색하고 게을러서는, '그냥!'이라는 대답으로 만족하는 데 익숙해서는 의미 있는 '판단능력'을 기대할 수 없다.

　'수단'에 대한 판단이란 '왜'보다는 '어떻게'에 대한 대답을 찾아내는 것이지만, 여기에도 분명하게 '왜?'라는 질문은 핵심적으로 개입한다. 과연 그러한 수단을 사용하면 그 목적에 도달할 수 있는가, 그것은 수단과 목적 사이의 인과관계를 상정하지 않고서는 대답하기 곤란한 질문이다. 목적에 이르는 많고 많은 수단 가운데 '왜' 하필 그 수단인지를 묻지 않고서는 '어떻게'라는 판단도 사실은 기대하기 어렵다. 특히나 현장에서 흔히 '매뉴얼'에 대한 요구가 끊이지 않는 데서도 알 수 있듯이, 작업 효율성이라는 가치에 매몰되어 손쉽게 '그냥!'에 안주하려는 경향이 심하게 나타나기도 한다.

일례로 원고를 검토하고 그 과정을 문서(원고검토서)로 작성하라는 과제를 주면, 대개의 초보 편집자(편집자 지망생은 말할 것도 없고)들이 보이는 반응은 "양식을 제시해달라"는 것이다. 사실 근본적으로 생각하면 보편적으로 모든 원고에 두루 사용할 수 있는 원고검토서의 양식 따위는 있을 수가 없다. 심지어 같은 원고라 해도 검토한 사람이 다르고 따라서 검토의 내용이 다르다면 그것을 표현하는 양식이 어떻게 같을 수 있겠는가. 물론 현장에서 여러 선배들의 경험에 비추어 어느 정도 '범용성' 있는 양식을 개발하여 '편의상' 사용할 수는 있지만, 그 항목 하나하나에 대해 '왜'라는 사고를 하지 않으면 자칫 '빈칸 채우기' 식의 형식적인 문서가 되기 쉽다. 꼭 필요한 내용인데도 양식에 제시되지 않은 항목은 설명이 생략되고 굳이 불필요한 내용인데도 양식이 요구하는 항목이라면 무의미하거나 동어반복적인 문구라도 억지로 채워넣게 되는 것이다. 내 대답은 이렇다. "내용에 걸맞은 형식을 찾아내는 것 자체가 편집자의 일이다. 자신이 원고검토를 충실히 했다면 어떤 양식으로 그 결과를 서술하는 것이 효과적일지는 당연히 찾을 수 있을 것이다."

그런데 그게 어떻게 '당연히' 되느냐고 묻는 사람들이 간혹 있다.

'왜냐고 생각하기(why-thinking)'에 익숙하지 않은 사람에게는 물론 당연하지 않을 것이다. 판단능력의 향상은, "왜?"라는 질문에 "그냥!"이라고 대답할 수밖에 없는 삶의 부조리함에 깊이 침윤된 관성적 태도에서 벗어나려는 노력에서부터 시작한다. 거듭 강조하지만 그것은 삶이 부조리하지 않아서도 아니고 목적지향적인 삶만이 가치 있는 것이어서도 아니다. 나는 사실 개인적으로는 목적지향적인 사람들을 경원하는 편에 속한다. 무엇인가를 위해 사는 게 아니라 그냥 산다는 게 진실에 더 가깝다고 생각하는 편이기도 하다. 에코가 그랬던가. "진리를 위해 죽을 수 있는 자를 조심하라!"고. 그저 편집자가 대가를 받고 파는 '판단'이라는 물건이 '왜냐고 생각하기'를 요구하기 때문이고, 끊임없이 근거를 따져 물으며 사건과 사건 사이의 인과율에 천착하지 않고서 설득력 있는 판단을 기대할 수는 없기 때문이다.

맹목은 어떻게 판단을 오도하는가

20여 년 전, 잠시 미국에 머무를 때 ESL(English as Second Language)을 가르치는 랭귀지스쿨에 다닌 적이 있다. 어느 날인가는 'if 구문'을 연습하는 시간이었는데, 교재가 독특했다. 온갖 경고 표지판을 제시하고 그 취지를 if를 써서 문장으로 만들도록 하는 과제였다. 가령 수영장 따위에서 흔히 볼 수 있는 "뛰지 마시오!"라는 표지판을 제시하면, "만일 당신이 뛴다면, 넘어질 것이다"라는 문장을 만드는 식이다. 그런데 그 과제들을 해결하는 과정에서 나는 믿기 어려운 광경을 목도했다. "BUS STOP, NO PARKING"이라는 표지판이 예시로 나왔을 때, 나는 당연히 "만일 당신이 여기에 주차한다면, 버스를 세울 수 없을 것이다"와 같은 문장을 만들어야 할 것이라고 생각했다. 그리고 혹 영어가 서툴러서 아예 문장을 못 만들면 모를까, 다른 문제를 쉽게 풀었다면 다른 학생들도 당연히 그렇게 썼으리라고 생각했다. 그런데 웬걸? 거짓말 안 보태고, 열 명 중에 여덟 명(너무 충격적인 일이어서 지금도 정확히 기억하는데, 여남은 명의 학생 중에 답을 쓴 건 정확히 열 명이었고, 정답을 쓴 건 나를 포함해서 두 명뿐이었다)이 '너무나 당연하다는 듯이' 이렇게 답했다. "만일 당신이 여기에 주차한다면, 딱지를 뗄 것이다(또는 견인될 것이다)." 그리고 왜 그 답이 틀렸냐고 볼멘소리로 항의를 하는 학생도 있었다. 뭐, 사실의 차원에서만 얘기하자면, 틀린 말은 아니다.

내가 '왜냐고 생각하기'의 중요성을 강조하면서 자주 인용하는 사례다. '맹목'이란 꼭 '뚜렷한 목적이 없는 상태'를 가리키는 것만은 아니라는 것을 보여주는 사례이기도 하다. 목적을 충분히 의식하고 있음에도 불구하고 사람은 얼마든지 맹목의 포로가 될 수 있다. 오히려 위에서 언급했던 에코의 "진리를 위해 죽을 수 있는 자를 조심하라"는 경구에서처럼 목적이 지나치게 뚜렷한 사람일수록 모든 행위와 판단을 오로지 단 하나의 목적으로 수렴시키는 광신적 맹목에 빠져들기 쉽기도 하다. 이 이야기를 하면 대부분의 수강생들은 폭소를 터뜨린다. 그러면 나는 잊지 않고 한 마디를 덧붙인다. "우습죠? 여러분들은 안 그럴 것 같죠? 잘 생각해보세요. 그런 터무니없는 답을 내놓고 뭐가 문제인지 모르겠다고 시치미 뗀 적이 정말 없는지."

'왜냐고 생각하기'의 핵심은, 그저 때로 현실적이지 않을 수도 있는 논리적 정합성에 죽어라 매달리는 것이 아니다. 자기도 모르는 새 '맹목'에 사로잡히지 않도록 끊임없이 스스로를 경계하는 것이다. 대부분의 판단 착오는 자신의 내면에서 맹목을 허용한 순간에, "왜?"라는 질문에 자기도 모르게 "그냥!"이라고 대답한 바로 그 지점에서 일어난다.

통찰

매사에 제법 성실한 모습을 보여주는 편집자인데도, 판단능력에서만큼은 크게 신뢰하기 어려워 보이는 사람들이 있다. 사실 회사 입장에서나 또는 일머리의 호흡을 맞춰 함께 일을 해야 하는 동료(또는 상사나 부하직원)에게는 가장 고약한 경우이기도 하다.

10여 년 전 방송된 인기 드라마 〈사랑을 그대 품안에〉를 보다가 무릎을 친 인상적인 대사가 있었는데, 이런 식이다. "제일 쓸데없는 사람은, 머리 나쁘고 부지런한 사람이야." 무능한 사람이 차라리 게으르기라도 하면 월급을 거저 가져가는 정도의 피해에 그치지만, 무언가 해보겠다고 '적극적이고 능동적으로' 부지런을 떨기라도 할 양이면 십중팔구는 안 건드리느니만 못한 사고로 이어지기 일쑤이고, 누군가 그런 사고들을 수습하는 눈에 보이지 않는 비용을 감당해야 하니 말이다. 아마도 그 드라마가 방송되던 시절이 "머리는 빌릴 수 있어도 건강은 빌릴 수 없다"고 입버릇처럼 말하더니 결국 "머리를 빌릴 머리도 모자라다"는 것만을 여지없이 보여준 김영삼 정부 때였기에 그 대사의 울림이 자못 의미심장했을 터이다.

대개 그런 종류의 사고에 대한 질책의 말이 "왜 그렇게 생각이 짧아?"인 데서도 알 수 있듯이, 이런 사람들의 문제를 한마디로 간추리자면 '나무는 보고 숲은 보지 못한다'쯤이 될 것이다. 요컨대 '전체를 보는 통찰'이 결여된 것이다. 일에 대한 성실한 책임감은 어느 경우에도 당연히 필요한 미덕이지만, 이 경우만큼은 책임감이 강할수록 점점 더 문제를 심화시키기 십상이다. 딱하게도 숲을 이루고 있는 나무 하나하나에 더 집착하게 되기 때문이다.

물론 나무 하나하나를 속속들이 꿰게 되면 어쩌면 숲이 보이리라고 믿는다면 얼마든지 가능한 일이다. 그러나 이것은 거의 미신에 가까운 헛된 기대이다. 부분의 총합으로 환원될 수 있다면 그것은 이미 전체가 아니며, 전체를 전체라고 할 수 있는 것은 그것이 결코 부분의 총합으로 환원되지 않기 때문이다. 동어반복이기는 하지만, 숲을 보기 위해서는 (나무는 일단 접어두고) 숲을 봐야만 한다.

전체를 보는 통찰

그렇다면 전체를 보는 통찰, 숲을 볼 수 있는 힘은 도대체 어디에서 나오는 것일까. 질문을 바꿔보자. 숲을 이루고 있는 나무 하나하나에 대해 속속들이 꿰고 있는데도 정작 숲이 보이지 않는다면, 도대체 무엇을 못 보고 놓쳤기 때문일까. 아니 좀더 단순화하자면, 나무라는 부분들로 환원되지 않는 전체, 숲이란 도대체 무엇일까. 도대체 무엇을 가리켜 전체라고, 숲이라고 부르는 것일까.

좀 다른 얘기로 에둘러 가보자. '사람'이라는 말을 한자어로는 '인간

人間'이라고도 하는데, 문자에 담긴 어원적인 의미를 음미해보면 '인간'이라는 말에는 '사람'에 대한 의미심장한 통찰이 담겨 있다. '인간'이라는 말에서 실제로 '사람'이라는 뜻을 담고 있는 부분은 '인人'뿐이지만, 그렇다고 해서 '간間'이 잉여적인 요소는 아니다. 오히려 어쩌면 사람을 '인간'이라고 처음 명명한 이들이 사람이라는 대상을 이해하는 방식의 핵심은 '사람 인'이 아니라 '사이 간'에 있을지도 모른다. 혹 이렇게 이야기하면 말이 될까. 사람이라는 대상을 파악하는 데 있어 '인人'만 보고 '간間'을 보지 못한다면, 사람에 대한 그런 이해야말로 나무는 보고 숲은 보지 못하는 격이 아닐까. 요컨대 전체란 그것을 구성하고 있는 부분들 '사이'에 그물처럼 엮여 있는 '관계'의 총체, 곧 한덩어리로서의 '관계망'이다. 전체를 보는 통찰이란 기실 관계를 파악하는 힘에 다름 아니며, 그렇게 파악된 관계의 그물이 더 촘촘할수록 통찰은 더 깊어진다.

물론 사람은 누구나 크든 작든 관계를 의식하지 않고는 살 수가 없다. 즉 누구나 조금씩은 어렴풋하게든 또렷하게든 숲을 볼 수밖에 없다. 진짜로 숲은 전혀 못 보고 오로지 나무만 보는 사람이란 현실에서 존재할 수 없다. 또한 일상생활의 영역에만 국한해서 말하자면, 관계의 그물이 성기고 따라서 사람살이라는 숲의 모습이 상대적으로 덜 또렷한 사람이 그렇지 않은 사람보다 뒤떨어진다고 단언하기는 어렵다. 사람이 신이 아닌 다음에야 아무리 관계의 그물을 촘촘하게 파악한다 한들 사람살이라는 숲의 모습이 또렷하면 또 얼마나 또렷하겠는가.

하지만 판단하는 일 자체가 직업이라면 얘기가 달라진다. 어차피 대상에 대한 완전무결한 통찰이란 불가능하고 따라서 완벽한 판단이란 있을 수 없다고 해서, 어차피 '오십 보 백 보'일 뿐이라고 해서, 판단을 포기하거나 아무렇게나 기분 내키는 대로 할 수는 없는 일 아닌가. 그러니 혹시라도 "전체를 본다고 해서 진짜 전체를 정확하게 볼 수 있는 것도 아닌데, 뭐 그렇게까지 피곤하게 더 촘촘한 그물을 짜려고 애쓸 필요 있나"라고 생각한다면, 그 자체야 얼마든지 존중할 만한 그 사람의 인생관이지만, 하고많은 직업 중에 하필 '판단하는 일'을 직업으로 삼은 것을 신중히 재고하시라고 권할 수밖에 없다.

구체에서 추상으로 비약하기

나무는 눈에 보이지만, 나무들 사이의 관계는 눈에 보이지 않는다. 아니 좀더 정교하게 말해보자. 예컨대 한 사람을 온전히(물론 가능한 한!) 파악한다는 것은 그 사람이 맺고 있는 눈에 보이지 않는 관계들, 나아가 그 사람을 중심으로 짜여진 관계망을 파악한다는 것이다. 그러니 숲을 보지 못하는 사람은, 나무도 제대로 보고 있는 것이 아니다.

물론 눈에 보이지 않는 것을 보기 위해서는 눈에 보이는 것으로부터 출발할 수밖에 없다. 관계를 파악하는 능력이란, 보이는 것을 통해 보이지 않는 것에 도달하는 일반적인 정신능력, 즉 '추상능력'의 발현으로 얻어진다. 추상능력이 남들보다 뛰어난 사람이 눈에 보이지 않는 관계의 그물을 더 촘촘하게 짜낼 수 있으리라는 것은 자명하다. 숲을 보는 통찰이 깊어지기를 원한다면 우선 자신의 추상능력을 점검해야 하고, 또한 그것이 더 잘 발현될 수 있는 조건을 확보해야 한다.

구체에서 추상으로 비약이 이루어지려면 비약을 촉발하는 계기가 있어야 한다. 굳이 그럴 만한 까닭이 없는데, 눈에 보이는 것에 만족하지 않고 그 이면까지 들추는 수고를 하기는 쉽지 않다. 그런데 사실 그런 계기는 언제나 존재한다. 일상에서 마주치는 눈에 보이는 구체적 대상들이 바로 그것이니까. 다만 사람에 따라서 일상에서 마주치는 숱한 구체적 대상들에서 비약의 계기를 곧잘 발견하는 사람이 있고, 무의미하게 흘려 넘기곤 하는 사람이 있을 따름이다. 앞서 언급했던 '왜냐고 생각하기'를 예로 들어도 마찬가지다. 일상에서 '왜?'를 따져 물을 수 있는 일이란 헤아릴 수 없이 많지만, 어쩌면 매 순간이 그러하지만, 그때마다 '왜?'를 따져 묻는 사람이 있고 구태여 그런 피곤함을 무릅쓰지 않는 사람이 있을 따름이다. 왜 그런 차이가 생겨날까.

그 실마리는 '나'에 있다. 쉽게 생각해서, 나하고 관계가 닿지 않을 성싶은 대상이라면 무의미하게 흘려 넘기는 것이고, 반대로 크든 작든 나와 관계가 있을 것 같을 때 다름 아닌 바로 그 관계의 실체를 찾아 비약을 감행한다. 즉 우리가 어떤 대상의 눈에 보이지 않는 이면까지 파악한다는 것은, 대상이 더 이상 말 그대로의 의미에서 대상에 머물지 않았을 때라야 가능한 일이다. 이를테면 '나'라는 존재를 '내가 맺고 있는 눈에 보이지 않는 관계들의 총체'라고 본다면, 내가 추상해내고자 하는 대상이란 이미 '나의 일부'인 것이다.

따라서 어떤 대상에서든 그 대상을 둘러싼 관계를 파악해내는 추상능력이 뛰어난 사람이란, 어떤 대상이건 필요하다면 언제든 그것을 기꺼이 자신의 일부로서 받아들이는 데(적어도 자신과의 관계를 부인하지 않는 데) 익숙한 사람이다. 나무를 보고 숲을 보지 못한다는 것은 대상을 자신과 무관한 대상으로서만 본다는 것이고, 숲을 본다는 것은 그 관계의 그물에 자기 자신을 개입시켰다는 뜻이다. '의미 sense'란(편집자가 다루는 것이 바로 '의미' 아닌가!) 바로 그렇게 '나'를 대상에 개입시키는 과정을 통해 생겨나는 것이고, 그래서 그것을 가능하게 하는 능력을 흔히 '감수성sensibility'이라고 통칭한다.

다른 사람은 어찌 생각할지 몰라도 나는 감수성을 일종의 '타고나는 천성'쯤으로 여기는 통념에 동의하지 않는다. 언뜻 무의미하게 여길 수도 있는 것들에서 의미를 발견해내는 능력, 달리 말하면 자신과 무관하다고 여겨도 그만인 것들에서도 분명한 관계를 인식해내는 능력이란, 세상만사의 크고작은 관계들이 얽히고설킨 그물에 스스로를 던져놓을 수 있는 용기의 다른 이름일 뿐이다. 대학 시절 절친했던 친구의 표현을 슬쩍 훔쳐오자면, 감수성이란 '상처받을 수 있음'이다. 자신의 외부에 존재하는(적어도 그렇다고 여겼던) 관계망에 포섭된다는 것은 크든 작든 자신의 정체성에 상처를 입힌다. 그 관계를 인식하기 전의 자신과 인식하고 난 뒤의 자신은 분명히 다를 테니까. 상처 없이 생겨나는 의미는 없다. 그래서 그것은 상처를 회피하지 않는 용기의 문제이고, 천성적으로 용기 있는 사람이나 천성적으로 겁이 많은 사람이 따로 있는 게 아닌 만큼 감수성도 얼마든지 계발이 가능하다.

판단 준거로서의 세계상

이렇듯 '대상을 둘러싼 관계들의 그물'과 '나를 둘러싼 관계들의 그물'이 하나의 전체로서 일치할 때, 그것은 '내가 파악한 세상'의 전모일 것이다. 전체를 보는 통찰이란 결국 '세계상'이다. 어찌 보면 허무할 정도로 단순하기까지 한 이 개념을 이끌어내기 위해 참 어렵게도 에둘러 왔지만, 고등학교 윤리 교과서 안에서 고이 잠자고 있는 이 단어를 깨워내서 도대체 편집자의 직업적 능력과 얼마나 깊은 관계가 있는지를 곱씹어 음미하자면 어쩔 수 없는 과정이다. 요컨대 '나무는 보고 숲을 보지 못하는' 사람이란 애당초 세계상이 명료하지 못한 사람이거나, 혹 제 나름의 뚜렷한 세계상을 확보하고 있다고 하더라도 그것이 너무 협소하고 관념적인 나머지 구체적인 판단의 계기에서 제대로 작동시키지 못하는 사람이거나(도대체 그런 것이 어찌 말 그대로의 의미에서 '세계상'일까마는!), 적어도 전체를 보는 통찰을 편집자(=판단하는 사람)의 업무능력으로서 평가하는 사람과 전혀 다른 모습의 세계상을 가진 사람이다.

물론 추상의 힘으로 파악된 관계들이 날과 씨가 되어 하나의 전체로서 그물을 이룬다고 할 때, 사람마다 경험이 다 다르고 따라서 감수성을 자극하는 구체적인 계기가 제각각일 터이니 그 그물의 생김새도 (눈에 보이지 않는 것이니 '생김새'라는 표현에는 어폐가 있지만) 사람마다 다를 것이다. 어떤 생김새의 그물로 대상을 바라보느냐에 따라, 즉 숲의 모양을 어떻게 그려내느냐에 따라서 대상에 대한 판단도 당연히 달라질 것이다. 그리고 일단 그물이 짜여지기 시작하면 그 자체가 다시 새로운 의미를 만들어내는(=새로운 관계를 파악해내는) 기초가 된다는 점에서, 일정한 방향성(='가치 정향')을 띨 수밖에 없다는 것도 분명하다.

그리고 이렇게 서로 다른 세계상과 가치 정향들 사이에 통찰의 깊고 얕음, 즉 그물의 촘촘하고 성김의 차이는 있을망정, 근본적으로 옳고 그름은 없다. 그러니 위의 맨 마지막 경우만을 떼어 말하자면, 흔한 통념대로, 편집자가 제대로 능력 발휘를 하려면 어느 정도 가치 정향을 공유하는 사람들로 이루어진 조직에서 일하는 것이 확실히 유리하다. 하지만 한 걸음 더 나아가자면, 앞서 말했듯 기존의 '세계상'에 상처를 입지 않고서, 그 정체성을 폐쇄적으로 고수하면서, 그것을 더욱 촘촘한 그물로, 더욱 깊은 통찰로 발전시키는 것은 불가능하다. 의연히 세계상을 더욱 깊은 통찰로 이끌어가는 것은 '용기'이다.

그보다 심각한 것은, 아무런 현실규정력이 없는 관념을 '세계상'이라고 잘못 알고 있는 경우이다. 필연적으로 '나를 둘러싼 관계망'과 '대상을 둘러싼 관계망'이 따로 놀 수밖에 없으니 굳이 말하자면 '분열된 세계상'인 셈이다. 한국사회에는 사실 이런 사람들이 무척 많을 수밖에 없다. 내면화된 가치 정향, 즉 "어떻게 하면 내가 내 판단에 스스로 만족할 수 있을까"가 아니라 오로지 "다른 사람(부모, 교수, 사장…)이

나를 어떻게 평가할까"에만 판단 준거를 맞추는 삶에 길들여져 있는 사람에게는 얼핏 자신이 주체적으로 선택한 것처럼 보이는 '세계상' 역시도 나의 구체적인 삶에서 체득된 것이 아니라 또 하나의 '다른 사람의 시선'으로서 주어진 것에 불과하기 때문이다.

가령 이런 식이다. 영화 〈투캅스〉에서 "왜 경찰이 되려고 하나?" 라는 질문에 주저 없이 "폼 나잖아요!"라고 대답하던 김보성을 기억하시는지. 수많은 가치 중에 '폼 나는' 걸 추구하는 거야 주체적으로 설정한 가치 정향인지 알 수 없으나, 결국 그건 '남들 보기에 폼 난다'는 것이지, 설마하니 아무도 알아주지 않는데도 혼자서만 '폼 난다'고 생각할 수 있을까. 위에서 예를 든 '부지런히 사고치는 사람'도 그래서 생겨난다. 이런 분들께는 넌지시 이렇게 귀띔하고 싶다. 거창하고 심오해야만 세계상이라고 할 수 있는 게 아니다. 그저 소박하게 말해서 삶에 대한 태도, 언제든 어디서든 어떤 상황에서든 판단의 준거가 되는 원리가 내면화된 것, 그게 바로 세계상이다.

그런 내면적 태도는 어떻게 형성되는가. 도대체 세상은 어떤 관계들의 날과 씨로 엮여 있는지, 그래서 '나'와 내가 판단해야 하는 '대상' 사이에는 어떤 관계가 있는지, 따라서 왜 내가 마주치고 있는 이 문제가 그저 회사의 필요에 의해서 또는 나의 직업적인 요구에 의해서 주어진 '내 삶과는 무관한' 과제가 아니라 예컨대 어떻게 하면 화가 나서 말도 못 붙이게 하는 애인의 마음이 풀릴지처럼 지금 내가 심각하게 고민하는 숱한 삶의 문제들과 전혀 다를 바 없는 나 자신의 문제일 수밖에 없는지, 이런 방식으로 생각을 발전시켜주는 연결

고리가 바로 세계상이다. 편집자로서 일상적으로 마주치게 마련인 모든 판단이 필요한 문제들에 대해 언제나 이렇게 생각을 전개하는 훈련을 거듭하면 처음에는 허약하고 희미했던 그 고리가 조금씩 튼튼해질 것이다. 아, 빠뜨릴 뻔했다. 정말로 튼튼한 고리는 유연한 탄력을 지닌다는 것도 잊지 말자.

상상력

········· 경험을 조직하는 힘

동물이나 기계와는 달리 사람이 가진 정신능력이 구체에서 추상으로 '비약'하는 능력에 기대고 있다면, 그러한 비약을 가능하게 하는 실체를 지칭하기에 가장 적절한 표현은 아마도 '상상력'일 것이다. 흔히 판단은 냉철한 이성의 소산이고, 상상력이란 그와는 사뭇 다른 일종의 감성적 영역인 듯 여기기도 하기에 편집자의 판단능력을 비판적으로 고찰하는 글에서 '상상력'을 언급하는 것이 언뜻 생뚱맞게 받아들여질지도 모르겠지만, 나는 그렇게 생각하지 않는다.

드라마 〈조강지처 클럽〉을 보다가 재미있는 대사를 발견했다. 엉뚱한 일을 저질렀다고 질책이라도 받을 양이면 늘 이렇게 변명하는 등장인물이 있다. "저는 그렇게 안 살아봐서요." 사실 사람이 자기 경험의 영역을 벗어난 일, 또는 직접 경험하지는 않았다 해도 경험한 바를 통해 유추해낼 수 있는 범위에서 크게 벗어난 일에 대해 그 의미를 파악하고 적절한 대처 방법을 찾기는 쉬운 일이 아니다. 아니 쉬운 일이 아닌 정도가 아니라 아예 불가능한 일인지도 모른다. 가령 생전 처음 접하는 상황에서도 당황하지 않고 매끄럽게 대처하는 사람들은 경험을 초월할 수 있는 대단한 능력이 있어서라기보다는, 실은 경험에 기반해서 그것을 조금이라도 유사한 상황에까지 확장시키는(그러니까 예전에 경험했던 어떤 상황과 지금 맞닥뜨린 생소한 상황 사이에서 다른 사람들이 쉽게 눈치채지 못하는 유사성을 발견해내는) 능력을 발휘하는 것뿐이라고 해석하는 것이 진실에 더 가까울 것이다.

따라서 경험의 범위가 협소한 사람에게 어떤 상황에서든 적절한 판단을 도출하기를 기대하기도 어려우며, 경험이 풍부할수록 더 정교한 판단을 기대할 수 있는 것도 사실이다. 그래서 출판사에서도 편집 실무 경험이 전혀 없는 초보자보다는 그래도 현장의 일머리를 어깨너머로라도 보아두었을 경력자를 선호하는 것일 테고, 또는 한번 발을 들여놓은 분야를 떠나 전혀 경험해보지 못한 분야의 출판으로 직장을 옮기는 것이 출판이 아닌 전혀 다른 업종으로(또는 다른 업종에서) 옮기는 것만큼이나 어려운 일이라는 통념이 어느 정도 사실이기도 할 것이다. 하지만 그러한 일반적인 기대 가능성에도 불구하고, 몇 년씩이나 출판밥을 먹었다는 사람들이 초보자도 손쉽게 처리할 수 있는 가장 기본적인 실무에서조차 미숙함을 드러낼 때, 도대체 그는 무엇을 '경험'했던 것일까.

경험은 어떻게 형성되는가

국어사전은 '경험'을 "자신이 실제로 해보거나 겪어봄. 또는 거기서 얻은 지식이나 기능"이라고 풀이한다. 그러나 아무리 생각해봐도, '실제로 해보거나 겪어본' 모든 일이 경험으로 남는 것 같지는 않다. 가령 우리는 지하철 안에서 숱한 광고판을 본다. 일부러 눈을 감거나 딴전을 피우지 않는 한 눈길이 닿는 곳 어디에서나 광고판은 어김없이 눈에 들어온다. 적극적으로 그것을 보았건, 소극적으로 그것이 눈에 보였건, 그것은 틀림없이 그 사람이 '실제로 겪은 일'이다. 그러나 대개 '무심히' 지나친 광고판은 기억에 남지 않게 마련이고, 아무도 기억에 남지도 않는 것을 '경험'이라고 하지는 않는다. 우리는 우리가 '실제로 겪은 일' 가운데서도 특별히 자신에게 '의미 있는' 일만을 경험으로 간직한다. 비슷한 성장 배경을 가지고 있고 사회적 이력이 크게 다르지 않은데도, 활용할 수 있는 경험의 폭이 크게 달라 보이기도 하는 것은 그래서이다. 요컨대 실제로 겪은 일이 거의 비슷할 때조차도 그것을 그저 '무심히' 흘려 넘기는 사람보다 자신이 보고 듣고 겪는 일 하나하나에 크고작은 '의미'를 부여하는 데 익숙한 사람이 더 풍부한 경험을 지니게 된다.

얼마 전, 인문 분야의 책을 내는 출판사에 취업하고자 했으나 그와는 방향이 좀 다른 출판사에 취업하기로 결정한 후배에게 이런 조언을 한 일이 있다. 최소한 1년 동안은 절대로 "이 회사가 다닐 만한 회사인지"를 고민하지 말 것! 자신이 하고 있는 일에 대해 "이것이 내가 하고 싶었던 일인가"를 질문하지 말고 오로지 '할 수 있는 일인가'라는 관점에서만 바라볼 것! 할 수 있는 일을 차근차근 해나가다 보면 크든 작든 그 모든 것이 경험이 되겠지만, "이걸 꼭 해야 하나"라는 고민에 사로잡히고 나면 얼마든지 의미를 발견할 수 있는 일조차 무의미하게 느껴지기 일쑤이고, 너무나 당연하게도 스스로 무의미하다고 느끼는 일을 아무리 오래 한들 그것이 쓸모 있는 경험으로 쌓일 리가 없다는 것이 내가 그렇게 조언한 까닭이다.

　따지고 보면 세상에 말 그대로의 의미에서 '무의미'한 일이란 하나도 없다. (혹은 반대로 애초부터 의미 있는 일 또한 어디에도 없다.) 단지 내가 의미를 발견하는 일과 그렇지 못한 일이 있을 따름이고, 사소한 일에서도 매우 큰 의미를 발견하거나 매우 중대한 일에서도 별다른 의미를 찾지 못하고 무심히 놓쳐버리는 것은 거의 마음먹기에 달려 있다. 좀더 냉소적으로 말한다면, 사람이란 어차피 자기가 보고 싶은 것만 보고 듣고 싶은 것만 듣도록 프로그램된 존재이다. 그래서 파란만장한 우여곡절이 많은 사람이 비교적 평탄하고 무난하게 산 사람보다 더 풍부한 경험을 가질 가능성이 높은 것은 여전히 사실이지만, 그것이 결정적 관건은 아니다. 오히려 그보다는 다른 사람이라면 그저 무심히 스쳐지날 수도 있는 사소하고 자질구레한 순간까지도 놓치지 않고 자신의 의미망 안으로 포착해내는 힘이 풍부한 경험을 쌓는 데 훨씬 더 중요한 기반이다.

경험은 어떻게 호출되는가

이렇게 풍부한 경험을 쌓았다고 해서 그것이 곧바로 판단에 도움을 주는 것은 아니다.

　예전에 어느 출판사에서 일할 때의 일이다. 인쇄소에서 "종이가 잘못 들어왔다"는 취지의 전화가 왔다. 특별히 다른 판형을 쓴 것도 아니고 통상적인 제작사양에서 벗어난 특이사항도 없는데, 늘 하던 대로 발주한 용지가 잘못 들어갔을 리가 없었다. 그런데 전화를 받은 선배는 흔쾌하게 "다시 넣어드리겠다"고 대답하고는 재발주 준비를 하는 것이다. 어련히 알아서 하실까 싶기는 했지만, 뭔가 이상하다 싶어 오지랖 넓게도 어찌된 일인지 자세한 상황을 물었다. 표지를 국전지로 인쇄를 해야 하는데 46전지가 들어왔다는 것이다. "어? 아닌데요? 46전지가 맞는데요?" "인쇄소에서 이 사이즈는 46에 못 앉힌다는데?" 이런 대화가 오간 끝에 원인을 찾았다. 표지디자이너가 인쇄기가 물고 들어가는 용지 여백을 충분히 주지 않은 탓이다. 시간상의 손실, 비용상의 손실, 기타 고려사항을 아무리 따져봐도 용지를 다시 발주할 문제가 아니었다. 급하게 날개의 폭을 좀 줄이도록 표지를 수정하고 필름을 재출력해 인쇄소로 보내는 것이 옳겠다는 판단을 선배에게 이야기했다.

나는 나보다 훨씬 더 현장 경험이 풍부한 그 선배가 이토록 간단한 문제를 '몰라서' 순간적으로 판단 착오를 했다고 생각하지 않는다. 아무리 경험이 풍부한 사람이라도 누구나 이보다 훨씬 더 어이없는 판단 착오를 할 때가 있다. 사람은 신이 아니니까.

대학교 때 거의 반쯤은 졸면서 들었던 심리학 개론의 내용을 어설프게 떠올리자면, 사람들이 필요한 상황에서 기억해내지 못하는 정보의 대부분은, 처음부터 기억되지 않았거나 또는 기억되기는 했지만 어느 순간 사라져버려 기억에 남아 있지 않은 것이 아니라 실은 머릿속 어딘가에는 여전히 기억되어 있기는 하지만 그것을 찾아 끄집어내지 못하는 '인출 실패'라고 한다. 도서관에서 책을 찾는 일에 비유하자면, 서고 안에 그 책이 없는 것이 아니라 서가 정리가 엉망이어서 분명히 서고 안 어딘가에는 있는데도 어디에 있는지를 찾지 못하는 격이다. 그런 기억은 정작 필요할 때는 도무지 떠오르지 않다가도 전혀 필요하지 않은 순간에 뜬금없이 떠오르기도 한다. 그러니 아무리 풍부한 경험이 있다 해도 막상 필요한 바로 그 순간에 적절하게 활용할 수 없다면 무슨 소용이 있겠는가.

앞서 말했듯 똑같은 일을 겪고도 그것을 풍부한 경험으로 간직하는 사람과 그렇지 못한 사람이 있다고 했듯이, 똑같은 경험을 하고도 그것을 적재적소에 활용하는 사람과 그렇지 못한 사람이 있다. 사실 언젠가 다른 자리에서도 얼핏 고백했듯이 나는 '요즘 젊은이들의 독서량 부족'을 나무랄 자격이 없을 만큼이나 과독寡讀인 편에 속한다. 그저 그 짧디짧은 독서를 통해 얻은 지식과 정보를 다양한 상황에서 다양한 용도로 활용하는 데 다른 사람보다 더 능숙할 뿐이다.

그것은 현장 실무 경험도 마찬가지다. 내 강의를 들었던 후배 편집자들은 웬만한 질문에는 막힘없이 답을 해주는 것을 보며 내가 무슨 남달리 대단한 경험을 했을 것이라고 생각하지만 내 이력서는 내가 봐도 초라할 만큼 조악하기 이를 데가 없다. 제작에 대해 온갖 아는 척을 하지만, 인쇄소에서 일해본 것은 고작 석 달이다. 편집자치고는 유통 실무에도 제법 밝은 척하지만 서점에서 몸을 부딪기며 일해본 건 한 달 남짓이고 한 달에 한 번 회의에 참가하는 정도로 서점 운영에 관여한 것도 1년을 넘지 않는다. 편집자로 여러 출판사를 전전하기는 했지만 1년을 넘긴 곳이 없고, 그 기간을 다 합쳐봐야 서너 해를 넘지 않는다. 처음 편집 일에 발을 담근 지 20년이 훌쩍 넘었다는 터무니없는 근거(그야말로 '나이가 깡패'가 되는 상황이다)로 선배 대접을 받기는 하지만, 현장에서 잔뼈가 굵은 후배들 앞에서 잘난 척을 일삼을 만한 밑천은 기실 튼튼하지 못하다. 그런데도 내가 혹 나보다 훨씬 더 현장 경험이 풍부한 수많은 편집자들과 어깨를 겯기에 모자람이 없다는 평가를 받는다면, 그 까닭은 내가 민망할 정도로 빈약한 내 경험들의 더미 속에서 필요한 상황에 유효적절한 정보를 잘 집어내는 데 다른 사람보다 능숙한 편이라는 데 있을 것이다.

요컨대 경험은 조직되었을 때만 쓸모가 있다. 조직되지 않은 경험도 얼마든지 훌륭한 경험이고 언젠가는 그 쓸모가 틀림없이 드러날 터이겠지만, 당장 필요한 상황에서 자유롭게 활용하는 데는 크고작은 장애를 일으킨다. 그리고 그것은 애초에 '실제로 겪은 일'을 자신의 의미망 안으로 포착해 '경험'으로 쌓는 과정 자체가 조직적으로 이루어져야 함을 뜻한다. 조직적으로 포착되지 않은 의미가 조직적으로 갈무리될 리가 없으니 말이다. 이렇게 하나의 의미를 다른 의미 있는 경험과 연관시켜 자신의 경험체계로 조직하는 능력, 그것이 바로 '상상력'이다.

물론 상상력은 '세계상'에 기반한다. 세계상은 상상력(경험을 조직하는 능력)에 방향성을 부여한다. 세계상이 튼실하지 못하다면 경험은 조직될 수 없고 상상력도 없다. 반대로 말할 수도 있다. 상상력이 없이는 사실 세계상도 없다. 앞서 말했듯 사람은 자신이 경험한 범위 이상의 세계를 구상해낼 수 없다. 우리가 전혀 경험해보지 못한 다른 세계를 꿈꿀 때조차도 그것은 어디까지나 경험을 통해 얻은 바에 기대 미루어 빚어낸 것일 따름이다. 다시 말해 '상상력'은 이성을 초월한 영감 따위가 아니다. 예술이나 신앙의 영역에서 일어날 수 있는 '영감'의 작용을 부인하려는 것은 물론 아니지만, 흔히 일종의 '영감'이라고 여겨지는 '직관적 통찰'의 대부분은 그저 '잘 조직된 경험'의 소산인 경우가 많다.

편견과 미신에서 벗어나기

어느 출판사의 경영자는 책 제목에 외래어 쓰는 것을 극도로 꺼린다고 한다. 이상하게도 외래어를 제목에 쓴 책마다 쓰디쓴 실패를 '경험'했다는 것이 그 이유다. 국수적 언어관을 무의식 속에 내면화하고 있는 독자들이 꽤 폭넓게 존재하는 한국사회의 정황에서 일리가 아주 없는 생각은 아니지만, 내가 보기에 이런 식의 '경험칙'은 거의 미신에 가깝다. 비근한 예로 최근 몇 년간의 베스트셀러 목록을 살펴보라. 무슨 뜻인지조차 감이 잡히지 않는 외래어 제목을 달고도 '대박'을 낸 책들은 또 얼마나 많은가.

경험이 이런 식으로 엉뚱하게 조직되는 사례는 주변에서 얼마든지 찾을 수 있다. 다른 산업의 사정도 비슷하겠지만, 한국의 출판계에는 가십으로 떠돌아다니는 이런저런 '징크스'들이 헤아릴 수 없이 많다. 요즘 유행하는 말로, 사회의 '펀더멘탈'이 워낙 예측 가능한 사회와 거리가 멀다 보니 일어나는 현상일 것이다. 다시 냉소적으로 말하자면 어차피 사람이란 편견의 동물이니만큼, 이런 미신적 세계상 자체를 비난하고 싶지는 않다. 예측 불가능한 사회에서 그

나름 '합리적'인 처신일 수도 있다는 것을 충분히 긍정한다.

하지만 그렇다고 해서 이런 식의 태도가 '빈곤한 상상력'에 기인한다는 사실이 변하지는 않는다. 뒤집어 말하면, 상상력은 우리가 경험을 엉뚱한 용도(가령 터무니없는 미신의 강력한 근거로 동원한다든가 하는)로 사용하는 것을 억제해준다. 앞서 '세계상'에 관해 말하면서 '세계'는 단순한 대상이 아니라 자신까지도 포함된 관계들의 총체라고 했던 것과 같은 맥락에서, 상상력은 자신의 바깥에 세계를 구성해주는 능력이기 이전에 자신을 되돌아보는 능력이기 때문이다.

그리고 충분한 경험을 하고도 상상력의 빈곤과 결핍으로 인해 그 경험들을 쓸모 있게 부려 쓰지 못하는 이들이 어떻게 하면 상상력을 계발할 수 있느냐고 내게 묻는다면, 나는 바로 위와 같은 발상에서 실마리를 찾으라고 권하고 싶다.

상상력은 자기 안의 미신, 자기 안의 편견과의 투쟁을 통해('투쟁'이라는 말이 좀 거칠다면, '성찰'을 통해) 무럭무럭 자란다. 상상력을 위축시키는 것은, 하나의 경험에는 내가 그 일을 '실제로 겪으며' 포착해낸 '너무나도 소중한' 단 하나의 의미만이 있으리라는 의심 없는 믿음이다. 경험을 언제나 새로운 의미로 다시 해석해내는 과정에서 경험은 새롭게 조직된다. 그 과정에서 하나의 경험에 부여된 수많은 다양한 의미들이, 제한된 경험을 다양한 상황에 맞게 변형시켜 활용할 수 있게 해주는 힘의 실체이다. 무엇인가를 "알았다" "깨달았다"라고 의식한 바로 그 순간, "그러나 이게 다는 아닐 것이다"라고 의심할 때, 상상력은 확장된다.

성 찰

········ **자 기 기 만 에 서 벗 어 나 기**

어느 해라고 출판계에서 '단군 이래 최대 불황'이라는 식상한 수사가
따라붙지 않은 해가 있었던 것 같지는 않지만, 촛불로 뜨겁게 달아올
랐던 2008년 이후 체감되는 분위기는 유난히 심각하다. 소비가 위축
되면 생산 규모를 줄일 수밖에 없다는 상식적인 경제원리에 비추어봐
도 인력 감축은 필연적이다. '편집자 지망생'들의 취업 준비를 돕는
입장에서 난처해지지 않을 수 없었다.

그런데 가뜩이나 좁아터진 출판편집자의 취업 문턱을 넘으려는 이
들에게 "당분간은 별다른 대책이 없을 것 같다"는 맥빠진 전망만을 무
기력하게 되뇌는 것보다 더 난처한 일을 마주치기도 한다. 안 그래도
경력자를 선호하는 출판계의 풍토에서, 게다가 인력 감축 바람을 타
고 여기저기서 경력자들이 쏟아져나올 판국에, 굳이 신입을 채용하겠
다는 '눈물나게 고마우신' 출판사들도 아주 없지는 않다. 하지만 고마
워하기는 이르다. 무언가 앞뒤가 안 맞는다는 느낌이 들면, 그런 안 좋
은 예감은 어김없이 들어맞는 경우가 많다. 아니나 다를까, 한두 달쯤
뒤에 일이 채 손에 익지도 않은 신입사원에게 해고 통보가 날아온다.

어느 회사건 수습기간을 어느 정도 두기도 한다는 걸 감안하면, 차라리 "막상 일을 시켜보니, 회사의 채용기준에 부합하는 적당한 인력이 아니더라"는 통상적인 이유라면 또 모르겠는데, 그게 아니란다. "회사 사정이 어려워져서 부득이 인력 감축을 해야 하는 상황"이라니, 이제 막 사회에 첫발을 내딛으며 나름대로 열심히 일할 각오를 다지고 있던 입장에서는 청천벽력이 따로 없다. "도대체 한두 달 뒤에 나가라고 할 사람을 애초에 왜 채용했을까"를 궁금해하는 이들에게 대꾸할 말을 찾을 수 없으니 이보다 난처한 일이 또 있을까.

고작해야 "내일 죽을 사람이라도 오늘 끼니는 때우지 않나?"라고 거들기는 하지만 궁색하기만 하다. 동네 구멍가게에서도 사람 하나를 쓰려면 한두 달 뒤쯤은 내다보게 마련인데, 하물며 명색이 지식산업이라는 출판계에서, 그것도 불가항력적인 돌발변수가 갑자기 나타난 것도 아니고 온 나라가 몇 달째 '경제위기'로 몸살을 앓고 있는 상황은 나 몰라라 배짱 좋게 책임지지도 못할 사람을 새로 들이는 것을 어떻게 이해해야 할까. 회사마다 조금씩 다른 사정이 있을 터이니 한몫에 싸잡아 말하기는 조심스럽지만, "하늘이 무너져도 솟아날 구멍은 있다니까, 설사 형편이 좀더 어려워지더라도 또 어떻게든 되겠지" 하는 안일한 상황 판단이 이런 무책임을 낳지 않았을까 감히 짐작해본다.

그렇다면 이것은 그저 동네 구멍가게만도 못한 '주먹구구식 경영'에만 국한되는 문제는 아닐 성싶다. 편집자들이 수도 없이 저지르는 실무적인 판단 착오의 이면을 꼼꼼히 들춰보면, 바로 이런 식의 대책 없는 낙관이 안일한 판단으로 이어지는 경우가 많다.

낙관의 양면성

물론 낙관적인 태도 자체가 나쁘다는 뜻은 아니다. 흔한 말로, 컵에 물이 반쯤 남았을 때 "반이나 남았다"고 생각할 수도 있고 "반밖에 안 남았다"고 생각할 수도 있으니 매사 긍정적으로 '좋은 쪽'으로 생각하라는 가르침을 귀에 못이 박히게 들어오지 않았던가. 게다가 직업세계에서라면, 무슨 일이든 일단은 '되는 쪽'으로 생각의 갈피를 잡아야지 '안 된다'고 의심하면 할수록 될 일도 안 되지 않던가. 매사에 부정적으로 이건 이래서 안 되고 저건 저래서 안 된다고 타박만 늘어놓아서는 기실 할 수 있는 일이 별로 없다. 꼭 해야 하는 일이라면 어떻게든 적극적으로 방법을 찾아내려 노력하는 것이 바람직한 태도라는 것은 두말할 나위도 없으며, 그러려면 그 과정이 좀 어려워 보이더라도 '할 수 있다' '된다'라는 긍정이 전제되어야 할 것이다.

그러나 늘 지나침은 모자람만 못하다. 긍정과 낙관이 힘을 발휘하는 것은, 냉정한 현실 인식의 기반 위에서이다. 앞의 비유로 돌아가자면, 컵에 반쯤 차 있는 물을 놓고 "반밖에 안 남았다"고 하는 것보다는 "반이나 남았다"고 하는 편이 분명 낫지만, 반의 반도 안 남았는데 "반이나 남았다"고 큰소리치는 허풍까지도 긍정적인 자세라고 칭찬해줄 수는 없는 일이다. 그런데 유감스럽게도, 비단 출판계만의 문제는 아니지만, 이즈음 우리 사회에는 객관적 조건을 전혀 고려하지 않은 주관적 희망사항에 지나지 않는 것을 버젓이 가시적인 목표로 설정하는 뜬구름 잡기가 횡행하고 있는 듯하다. "그렇게 되었으면 좋겠다"와 "그렇게 될 것이다" 또는 "그렇게 되도록 할 수 있다"는 분명히 다른 범주의 문제인데도 이것을 혼동하는 사람들이 많은 것이다.

그 대표적인 양상은 최근 몇 년 사이의 정치과정에서 두드러지게 드러나기도 했으니, 무척이나 견고한 사회심리적 기저가 도사리고 있을 것이다. 제한된 지면에서 그저 몇 마디의 변설로 간단하게 다룰 사안은 분명 아닐 터이다. 여기에서는 다만, 그것이 도박에 중독된 사람들의 심리상태와 매우 흡사하다는 점만 지적하고 넘어가겠다. 복잡한 정치경제적·사회문화적 배경에 대한 천착은 접어두더라도 정작 그보다 흥미로운 것은, 마치 도박중독자처럼 현실의 객관적 상황을 지나치게 낙관적으로 왜곡하여 받아들이는 태도가 얼핏 그와는 정반대로 보이는 부정적 태도와 쌍둥이처럼 닮아 있으며 실제로도 동전의 앞뒷면처럼 늘 붙어다닌다는 점이다.

엄살과 허풍: 자기기만의 두 얼굴

흔히 상황에 대한 비관적이고 부정적인 인식을, 적어도 낙관적이고 긍정적인 인식보다 덜 바람직하다고 여기는 이유가 무엇일까를 먼저 생각해보자. 그것은 긍정적 태도가 대개 허풍에 불과하기 쉽듯이 부정적 태도 또한 대개 엄살에 지나지 않기 쉽기 때문이다. 가령 대부분의 사람들에게 "아무래도 좋은 결과를 기대하기는 어렵겠지?" 라는 말은 "그러니까 좀더 열심히 노력해야겠지?"보다는 "어차피 안 될 일에 뭐하러 기운을 빼?"라는 의미로 들릴 것이다. 이때 만일 전자와 같은 반응이 일반적이라면, 그와 같은 부정적 태도가 바람직하다고 더 부추기면 부추겼지 '긍정의 힘'을 강조하면서 굳이 배척하거나 경계하지는 않을 것이다.

그러니 부정적이고 비관적인 태도에 대한 모든 비판은, 기실 부정적인 태도 자체가 나쁘기 때문이 아니라 그것이 상황에 대한 냉정한 인식이라기보다 단지 책임 회피나 게으름에 대한 방패막이로 동원된 엄살일 수도 있다는 점을 일깨우기 위해서일 것이다. 그렇다면 공정하게 말해서, 그보다 바람직한 태도로 흔히 여겨지는 긍정적이고 낙관적인 태도 또한 마찬가지 이유에서 얼마든지 비판이 가능해야 마땅하다. 중요한 것은 긍정적인가 부정적인가가 아니라 그러한 태도들이 얼마나 냉정한 현실 인식을 가로막는가이다. 엄살이든 허풍이든 자신을 속인다는 점에서는 한 치도 다를 바가 없다.

사변적인 차원에만 국한하면 엄살도 허풍도 얼마든지 자신을 넘어서 다른 사람까지 속일 수 있지만, 현실적으로는 제 이해관계가 얽혀 있는 일에 관해 다른 사람의 엄살에 속아주는 사람이 그다지 많지 않은 반면 허풍에는 일단 솔깃해지기 쉽다는 점을 고려할 필요가 있다. 요컨대 엄살이 대개 자신만을 속이는 데서 그치는 반면 허풍은 다른 사람들에게까지 피해가 갈 수 있다는 점에서 때로 훨씬 더 위험하다.

그런데도 (비단 출판계뿐 아니라) 우리 사회에 허풍에 지나지 않는 대책 없는 낙관이 만연하게 된 것은, 어쩌면 역설적이게도 그만큼 현실적 조건이 비관적이기 때문일 것이다. 가령 '티끌 모아 태산'에 대한 믿음이 너무나 굳건해서 1주일에 1만 원도 허투루 쓰지 못하는 사람이라면 '로또' 따위에는 눈길도 주지 않을 것이다. 그러나 우리가 살고 있는 지금의 경제현실은 그런 '고전적인' 믿음조차도 순진하기 짝이 없는 '대책 없는 낙관'으로 여겨지게 몰아간다. 어떤 낙관도 불가능한 상황에서 오히려 사람들은 허풍을 낙관이라고 착각하게 되는 것이다.

심리적으로 볼 때도 엄살이 심한 사람일수록 허풍도 심해지게 마련이다. 그것은 흔히 오해하는 것과는 달리 긍정적인 태도나 부정적인 태도와는 거의 무관하며, 그는 단지 자기기만이 심한 사람일 따름이다. 따라서 아무리 비관적인 상황에서도 공연한 엄살 뒤로 숨지 않는 사람은, 아무리 낙관적인 상황에서도 '만일의 사태'에 치밀하게 대비하며, 비관적인 상황에 대한 공포를 모면하고자 허풍스러운 확신에 자신을 함부로 내맡기지도 않는다. 거꾸로 말하자면, 낙관이 지나쳐 허풍이 되어버리거나 비관이 지나쳐 엄살이 되는 것을 막는 길은 하나밖에 없다. 그것은 '스스로에게 정직해지기'이다.

욕망에 거리두기

스스로에게 정직해지려면 우선 자신의 욕망에 투명해져야 한다. 프로이트의 고전적인 착오 이론을 들먹이지 않더라도, 우리는 어떤 경우에 객관적인 사실과 우리의 인식 사이에 터무니없는 틈이 벌어지는지 잘 알고 있다. 도박에 미친 사람이 "한 판만 더 하면 딸 수 있다"고 확신하는 것은 "따고 싶다"는 욕망이 판단을 오도하기 때문이며, 하다못해 몇 번씩 되풀이 교정을 하고서도 너무나 뻔한 오자를 놓치는 것도 텍스트를 '눈에 보이는 대로'가 아니라 '읽고 싶은 대로' 읽어치워버렸기 때문이다. 결국 1,000부도 넘기지 못할 책을 만들면서 최소한 5,000부는 나갈 거라고 굳게굳게 믿어 의심치 않는 것도 "그래야만 한다"는 욕망에 눈이 뒤집힌 탓이며, 무리한 작업 일정을 잡은 탓에 야근에 철야에 고생은 고생대로 다 하고도 책은 책대로 엉망으로 내게 되는 것도 "무능하다는 평가를 받고 싶지 않다"는 욕망이 속삭이는 "열심히 하면 일정을 맞추고도 완성도를 확보할 수 있다"는 허풍에 스스로 속기 때문이다.

물론 도통한 신선이 아닌 이상, 사람이 욕망에서 자유로울 수는 없다. 편집자의 직업적 능력으로서 '판단능력'을 이야기하자는 마당에, 설마 욕망에서 벗어나 해탈을 해야 도를 얻을 수 있다는 종교적인 깨달음의 경지를 해답이랍시고 제시하겠는가.

욕망에 투명해진다는 것은 욕망이 사라지게 한다거나 무력하게 한다는 의미가 아니다. 무엇이 객관적이고 현실적인 근거이고 무엇이 단지 욕망이 속삭이는 허풍이나 엄살에 지나지 않는지만 가려낼 수 있어도, 무책임한 판단은 피할 수 있다. 사람이 언제나 이성적이고 합리적이지만은 않다는 앞서의 대전제를 환기하자면, 사람은 때로 단지 자신의 욕망이 투영된 주관적인 희망사항에 불과할 뿐 아무런 객관적 근거가 없다는 것을 뻔히 알면서도 그야말로 '어쩔 수 없는 힘에 이끌리기라도 하는 듯이' 어리석은 판단을 하기도 한다. 그래서는 안 된다고 말하려는 것이 아니라, 그 순간에조차 그 판단이 어리석다는 것을 정확히 알고 있는 사람이 있고 그렇지 못한 사람이 있다는 이야기를 하려는 것이다.

앞서 언급했던 '편견'의 문제에 빗대 달리 말하자면, 편견에 휘둘리지 말고 언제나 공명정대하라는 도덕 교과서 같은 이야기를 하려는 것이 아니라, 사람이란 누구나 어차피 크고작은 편견을 가질 수밖에 없고 때로 중요한 판단조차 심각한 편견에 의지해야 하는 경우도 없지 않지만, 그것이 편견에 근거한 판단이라는 것을 스스로 안다면 (적어도 그 판단이 한 치의 편견도 개입하지 않은 공명정대한 판단이라고 믿는 것에 비해) 그로 인한 부작용이나 피해를 줄일 수 있다는 것이다.

기실 지금까지의 '판단능력 비판'을 한마디로 요약하자면 바로 이렇게 된다. 판단 착오의 가능성을 줄일 수 있는 유일한 길은, 자신이 언제나 오류를 범할 수 있는 불완전한 존재라는 것을 겸손하게 인정하는 것이다. 역설적이지만 판단능력의 업그레이드란, 자신의 판단능력을 이전보다 더 많이 의심하게 되는 것이다.

나는 더 이상 나 자신이 아니다

그런데 어떻게 하면 자신의 욕망에 투명해질 수 있을까. 우선 자신이 무엇을 원하는지부터 분명히 알아야 한다. 대부분의 사람들이 자신에게 속는 까닭은, 심성이 정직하지 못해서가 아니다. 철두철미 '바른 생활'로 무장된 고지식한 사람도 얼마든지 스스로에게 속을 수 있다. 아니 이런 사람일수록 더 잘 속기도 한다. 자신이 정말로 원하는 것이 무엇인지를 모르기 때문에, 무의식 속에서 작동하는 욕망에 속수무책인 것이다. 애초부터 욕망해도 되는 일과 욕망해서는 안 되는 일의 경계를 분명하게 그어놓고 있다면 그 벽부터 헐어야 한다. 사람이라면 절대로 해서는 안 되는 일조차도, 다름 아닌 사람이기 때문에 얼마든지 욕망할 수 있다. 그것을 인정해야 한다.

가장 좋은 훈련 방법은, 자기 자신 대하기를 다른 사람 대하듯 하는 것이다. 즉 욕망하는 자아와 그 욕망을 해석하는 자아를 분리하는 것이다. 내가 나를 의심할 수 있으려면, 나를 그저 나 자신이라고만 생각해서는 안 된다. 나란, 나와 가장 가까이 사는, 나와 가장 많은 시간을 함께 보내는, 어느 누구보다 나를 가장 잘 아는, 친구 또는 이웃이다. 친구나 이웃이 나를 속이려 들 때, 때로는 알면서 속아주기도 하고 때로는 따끔하게 까발려주기도 하듯이, 또는 때로는 "네가 어떻게 나한테 이럴 수가 있냐"고 화를 내기도 하고 때로는 "친구니까 그럴 수도 있다"며 보듬어주기도 하듯이, 그렇게 나를 나 바깥에 놓고 끊임없이 대화를 하는 것이다.

이것이 바로 이른바 '성찰'이다. 자기객관화가 없는 성찰이란 형용모순이다. 나를 나 바깥에 놓지 못하면 아무리 자신을 되돌아봐도 무책임한 자기변명이나 비생산적인 자기비하의 악순환에 빠져들 뿐이다. 판단능력을 고양시키고자 한다면 자기객관화에 기반한 성찰을 게을리 하지 말 일이니, 그것만이 가장 유력하고도 효과적인 방법이다.

이것으로 미진하나마 편집자의 판단능력에 관한 비판적 접근은 일단 매듭짓는다. 더 고민해야 할 내용이 아직도 무궁무진하겠지만 다른 기회를 기약한다.

가공능력 비판

편집자는 무엇을 가공하는가

가공능력을 이야기하기에 앞서 먼저 전제해야 할 것이 있다. 누누이 강조해왔던 바와 같이 편집자의 가공이란 '실물'을 다루는 것이 아니기 때문에(출판사는 인쇄소가 아니다!) '손'보다는 '머리'를 더 부지런히 움직여야 하는 일이며, 따라서 판단능력 또는 판단능력을 구성하는 여러 요소들(왜냐고 생각하기, 세계상, 감수성, 상상력, 자기객관화 등 앞서 다루었던 주제들 또는 미처 다루지 못한 수많은 내용들)과 불가분의 관계가 있다는 점이다. 그렇다고 해서 '손'에 익힐 수 있는 기능적인 측면을 무시해도 좋다는 뜻은 전혀 아니지만, 그것은 어디까지나 부수적인 것이다. 다시 말해 다른 제조업에서처럼 '머리'로 판단하고 '손'으로 가공한다는 식으로 분리해서 생각할 수 있는 것이 아니라, 가공능력 자체가 판단능력 발현의 한 형태이며 그런 점에서 판단능력의 일부라고까지 말할 수 있다.

편집자와 디자이너

흔히 현장에서 편집자의 가공능력을 기능적인 것으로 여기는 데는 역사적인 배경이 있다. 지금부터 20년 전쯤에 출판사에서 편집자들이 주로 어떤 일을 했는지 되짚어보자. 그 당시에 편집 일을 한 경험이 없는 젊은 편집자들이라면, 2005년에 한국출판인회의에서 발행한 『출판편집총람』을 참고하는 것도 한 방법이겠다.

이 책에서 내가 가장 흥미롭게 보았던 부분은 내용의 어느 대목이 아니라 목차이다. 896쪽에 이르는 두툼한 부피에 출판편집에 관한 한 거의 모든 작업 내용을 (심지어 현재 대부분의 출판사에서는 편집자가 담당하고 있지 않은 내용까지도 친절하게 정리하여) 총망라하고 있어 가히 '출판편집 사전'의 쓸모에 값하리라 기대되는 이 책에서, 현재 출판계에서 '가공'작업이라고 하면 누구나 가장 먼저 떠올릴 이른바 '원고 교열'을 다룬 항목을 찾을 수 없다. ('교정교열'이라는 항목이 있기는 하지만, 그 내용을 찾아보면 '교정'에 관해 설명하면서 '교열'의 사전적 의미를 짤막하게 소개하고 있을 뿐이다.)

다만 굳이 찾자면 '원고 정리'라는 제목 아래 설명되어 있는 내용이 현재 현장에서 이루어지고 있는 '원고 교열' 작업과 가장 가까운 내용이다. 그러나 '교열'이라는 말과 '정리'라는 말의 어감 차이에서 이미 짐작할 수 있듯이, 원고라는 작업 대상에 편집자가 일정한 '가공'을 수행한다기보다는 본격적인 가공작업을 위한 준비 점검 정도의 의미로 서술되어 있어 웬만한 현장 경험을 가진 편집자도 여기에서 말하는 '원고 정리'가 다름 아닌 이른바 '원고 교열'에 해당하는 내용이라는 것을 쉽게 알아차리기 어렵다. 나는 지금 이 책의 내용이나 구성에 문제가 있다고 말하려는 것이 아니다. (물론 문제가 전혀 없다는 것은 아니지만, 그건 다른 맥락의 이야기다.) 바로 이 책의 이런 구성이 20년 전 출판편집의 가장 보편적인 모습을 지면으로 재현하고 있다는 이야기를 하려는 것이다.

그렇다. 지금은 '교열'이라는 어마어마한 용어('교열'의 閱이 '검열'을 뜻한다는 것을 상기하라)로 통칭하지만, 20년 전쯤엔 편집자가 원고 자체에 빨간 펜을 휘두르며 수정을 가한다는 것은 '절대로 없었다'고까지는 할 수 없을지 몰라도 적어도 편집자의 '일반적인' 작업 영역이 아니었다. 그 당시 '교열'이라는 개념이 일반적으로 쓰였던 것은 단행본 출판이 아니라 신문이나 잡지처럼 포괄적인 의미에서 저널리즘 영역에 속한 매체들에서였다. 그때까지만 해도 편집자가 수행하는 가공작업의 본령은 어디까지나 조판 작업을 구체적으로 지시하는 '원고 지정'과 조판 결과가 원고 및 지정과 다름없는지를 대조하는 '교정(校正, proofreading, correction)'이었다. '편집'의 사전적인 의미를 살피더라도 편집자의 가공작업은 흔히 생각하는 '원고 교열'과는 거리가 멀다.

출판의 대상이 되는 저작물은 그 자체로는 무형적無形的이거나 적어도 비정형적非定形的이며, 비가시적非可視的이다. 이것을 책이라는 매체에 담기 위해 일정한 형태를 부여하여 눈에 보이도록 하는 것이 바로 편집이다. 출판 공정의 흐름을 정확하게 이해하고 계신 분이라면, 편집의 이러한 원론적 의미에 가장 부합하는 공정을 쉽게 지목할 수 있을 것이다. 그것은 바로 조판組版이다. 판版에 해당하는 영어 단어가 다름 아닌 'edition'이라는 데까지도 생각이 미칠 것이다. 눈에 보이지도 않고 형태도 없는 원고를, 눈에 보이도록 일정한 형태가 갖춰진 판版으로 '가공'해내는 작업이 바로 본래적인 의미의 편집이다.

하지만 이렇게 못박아 말하면 고개를 갸웃거릴 현장 편집자들이 적지 않을 것이다. 한마디로 말하자면 이런 의아함일 것이다. "어라? 그건 편집자가 아니라 디자이너가 하는 일이잖아요?" 나는 이렇게 대답한다. "디자이너도 편집자다!" 디자이너라는 이름으로 불리건 편집자라는 이름으로 불리건, 원고를 지면 위에 일정한 형태로 배열(레이아웃)하는 일을 실제로 수행하는 모든 사람이 '가공자'로서의 편집자이다.

그런 의미에서 나는 디자이너와 '조판기사'를 적어도 개념적으로는 구별해야 한다고 생각한다. 서두에 강조한 바와 같이, 출판에서 말하는 '가공'이란 일반 제조업과는 달리 추상적인 '의미'를 구체적인 '기호'를 통해 구현해내는 매우 '정신적인' 작업이다. 책의 지면은 다양한 시각적 기호들의 복잡한 조합을 통해 내용이 담고 있는 '의미'를 구현해낸다. 바로 이 작업을 해낼 수 있어야 디자이너라고 할 수 있으며, 그래서 디자이너도 편집자라고 한 것이다. 그런데 현실은 그렇지 못한 것 같다. 편집자로서의 기본적인 소양을 갖추지 못한 채로, 시각기호에 대한 전문적인 교육은 고사하고 그저 단기 과정을 통해 기능적으로 조판도구 활용만 손에 익힌 것을 가지고 '디자이너'입네 하는 이들이 적지 않은 것이다.

도대체 이걸 읽으라고 만든 건지 읽지 말라고 만든 건지 모르겠다는 탄식이 절로 나오게 할 만큼이나 레이아웃이 조잡한 책들이 점점 많아지는 것도 이런 사정과 무관하지 않을 것이다. 미적 감각이야 사람마다 다를 터이니 단순히 어설프다고 타박하는 게 아니다. 책이 아니라 그저 '글자들을 소재로 삼은 그림'일 뿐이라고만 본다면 얼마든지 나름대로 참신한 디자인이라고 봐주지 못할 것도 없겠지만, 문제는 글이 제대로 눈에 들어오지 않는다는 것이다. 모르긴 해도 책을 일종의 미술품으로서 많이 '보기'는 했을지 몰라도 제대로 '읽어본' 경험은 거의 없는 사람이 디자인했을 것이다. 또는 과문한 탓인지는 모르지만, 내가 알기로 디자이너로서의 전문성(편집자로서의 에디터십에 더하여 시각기호를 미적으로 다룰 수 있는 능력)을 충분히 인정할 만한 분들은 대개 표지디자인에 주력하고 있는 것도 의미심장한 대목이다.

이런 상황에서 '디자이너'의 편집자로서의 가공능력을 제대로 가늠하지도 않은 채, 무작정 디자이너와 편집자의 영역을 명확히 가르고 서로의 영역을 '존중'하는 것은 매우 위험하다. 디자이너(라고 불리는 사람)가 디자이너로서의 역할을 못하고 또 그것을 기대하기도 어렵다면(이 경우를 일컬어 '조판기사'라 할 수 있을 것이다), 누군가는 디자이너의 역할을 해야 한다. 편집자가 책에 대한 최종적인 책임을 지는 이상, 현실적으로 그 역할은 편집자의 몫이 되기 쉽다.

도대체 '교정교열'이라니?

정리하자면 이렇다. 본래 편집자가 수행하던 가공작업의 핵심 영역은 디자이너라는 직업이 전문적으로 분화되면서 가져가버렸다. 남은 것은 그야말로 '머리'보다는 '눈'과 '손'이 부지런히 움직여야 하는 '교정'(그나마 시각기호에 대한 교정 역시 디자이너가 하는 것이 자연스러울 테니, 문자로 표현된 언어기호에 대한 교정만 남는다)뿐이다. 디자이너의 역할까지 겸한 편집자라면 '원고 지정' 작업을 통해 '머리'를 쓸 기회가 있었겠지만, 그 역할을 디자이너에게 넘겨준 편집자는 '기능직'이 되어버린 것이다. 원고와 교정쇄를 대조하여 오식誤植을 잡아내는 일쯤이야, 한글만 읽을 줄 알면 누구나 할 수 있는 일 아닌가.

그런데 원고가 아예 디지털 파일로 작성되기 시작하면서 이것마저도 무의미한 일이 되기에 이른다. 말 그대로의 의미에서 오식誤植이 일어날 수 없게 된 것이다. 물론 저자가 워드프로세서로 작성해서 보낸 원고에도 얼마든지 오타誤打가 있을 수 있고, 대부분의 저자들이 '독수리 타법'을 고수하는 상황에서 오타가 출몰할 가능성은 숙련된 조판공이 오식을 낼 가능성보다 높아진 것도 어느 정도 사실이다. 그래서 교정의 중요성이 더욱 강조될 수밖에 없었지만, 오자를 찾아 수정한다는 점에서 외견상 조금도 다를 바 없는 이 두 가지 일이 실은 전혀 성격이 다른 일이라는 것을 알아차린 사람은 그다지 많지 않았다. 원고와 교정쇄를 대조하여 오식을 잡아내는 일은 '머리'보다는 '눈'과 '손'이 부지런히 움직여야 하는 기능적인 일이지만, 저자의 원고에서 오타를 찾아내는 일은 '머리'가 움직이지 않으면 애초부터 불가능한 일이다.

무슨 뜻인지 이해가 잘 안 가시는 분들이 있을지도 모르겠다. 예를 들어보자. 오자에 주의하며 다음 문장을 꼼꼼히 읽어보자. "그들은 불행히도 잘난 인물은 아니었다. 끼끗하고 준수한 사내다운 인물도 아니요, 어여쁜 인물도 아니요, 특징을 가진 괴상도 아니었다." 모르긴 해도 현장 편집자의 절반 가량은 두 번 생각할 것도 없이 "끼"를 "깨"로 교정할 것이다. 좀더 사려 깊은 편집자라면 "혹시나" 하는 생각에 국어사전을 찾아볼지도 모른다. 그런데 웬걸? '끼끗하다'가 국어사전에 버젓이 올라 있다. '생기가 있고 깨끗하다' 또는 '싱싱하고 갈차다'라는 뜻이라고 한다. 그렇다면 이것은 저자가 "깨끗하고"라고 치려다 손가락이 삐끗하여 "끼끗하고"라고 쳐버린 오타인가 아니면 잘 알려진 표현은 아니지만 일부러 이 표현을 골라서 쓴 것인가. 이것을 가리는 것은 '교정'의 범위에서 벗어나는 일이다.

그런 특별한 경우엔 저자에게 확인하면 된다고 말할지도 모르겠지만, 이것은 두 가지 이유에서 불가능하다. 실제로 위에 인용한 글은 네이버 국어사전에서 찾아낸 '끼끗하다'의 용례인데, 한용운의 『흑풍』의 한 구절이라 한다. 사전에까지 수록된 유명한 문장이기에 망정이지, 그렇지도 않았다면 벌써 반세기 전에 세상을 뜬 한용운 선생한테 무슨 수로 확인을 한단 말인가. 게다가 더 큰 문제는 따로 있다. 위의 문장이 거꾸로 "깨끗하고"라고 적혀 있는 경우(물론 '끼끗하고'라고 치려다 오타를 낸 것이다)를 상상해보라. 아마 열에 아홉 이상의 편집자는 아무 의심 없이 그냥 넘어갈 것이다. 아뿔싸! 설령 저자에게 확인할 수 있다손 쳐도, 겉보기에 별문제가 없어 보이는 글자까지도 "혹시 다른 글자 치려다 잘못 친 오타 아닌가요?"라고 일일이 물어야 한다면, 교정의 완성도를 높이려면 글자 하나하나를 짚어가며 저자와 텍스트 강독이라도 해야 할 판이다.

이 예에서 드러나듯이, 이제는 단순히 오자인지 아닌지를 가리는 일마저도 '교정'에 해당하는 다분히 기능적인 작업이 아니라, 전통적인 용어로 '원고 정리' 또는 지금의 통상 용어로 '원고 교열'에 해당하는 작업이라는 것은 분명하다. 이 때문에 사실상 이른바 '교정校正'이라 불리던 단순 반복적이고 기능적인 일들은 편집자의 작업 영역에서 거의 자취를 감출 수밖에 없게 된 것이다. 그래서 몇몇 편집자들은 지금의 '교정'이라는 말이 전통적인 의미에서의 교정校正이 아니라 교정校訂이라고 주장하기도 하는데, 틀린 말은 아니지만 말장난 같다는 생각이 든다.

사전적인 의미에서 교정校訂과 교열校閱은 영어로 'revision'에 해당하는 의미상 거의 차이가 없는 동의어이므로, 굳이 동음이의어와 혼동의 여지가 있는 교정이라는 용어를 고집할 필요가 없다. 게다가 흔히 오탈자 수정이나 정서법(맞춤법) 확인 정도의 가벼운(?) 수준을 '교정'이라 하고, 어휘 또는 문장 수준까지 원고에 개입하면 '교열'이라고 구분하는 경향이 있는데, 이것도 우스운 일이다. '교정'이 '교열'에 비해 단순하고 기능적인 일이라는 사실상 아무 근거 없는 통념이 은연중에 드러난 구분일 뿐, 양자 사이에는 편집자가 저자의 원고 자체에 개입한다는 점에서 본질적 차이가 없기 때문이다. 그러니 이 둘을 한데 아우른 것으로 보이는 '교정교열'이라는 말도 실은 무의미한 동어반복일 뿐이다.

'교정교열'이라는 따지고 보면 해괴한 용어의 문제점은, 비단 '오타誤打 잡아내는 수준'의 교정이 그보다는 업그레이드된 가공능력을 필요로 하는 교열보다 단순하고 기능적인 일이라는 오해를 기정사실화하는 데 그치지 않는다. 실은 그보다 심각한 문제가 있다. 어느 수준에서건 어차피 저자가 쓴 원고 자체에 개입할 수밖에 없고 따라서 언제든 '훼손'이 발생할 수 있는(예전의 대조 교정 작업에서라면 오식을 놓치는 것이 결과적으로 '훼손'이었겠지만!) 조건에서라면, 당연히 이 작업의 '목적'을 분명히 의식하고 그에 따르는 '의미'를 정확히 파악함으로써 그 '한계'까지도 신중하게 따져보려는 노력이 필요하다.

그런데 실상은 그렇지 않다. 내가 강의 중에 즐겨 인용하는 문장이 있다. "1995년은 제1차 세계대전이 끝난 지 50년이 되는 해이다." 이 문장을 칠판에 써놓고 문제점을 지적해보라고 하면, 거의 예외 없이 제일 먼저 나오는 질문이 '세계대전'을 붙여 쓰는 게 맞느냐는 것이다. 두 번째 질문은 '끝난 지'를 띄어 쓰는 게 맞느냐는 것이다. (여기까지가 흔히 말하는 '교정'의 범주다!) 문제점이 더 없느냐고 다그치면 마지못해 나오는 질문이 '~되는 해이다'가 문법적으로 말이 되느냐는 그야말로 생뚱맞기 짝이 없는 질문이다. (이해 못할 바 아니다. 이게 흔히 생각하는 '교열'의 범주다!) 몇 번을 채근해도 '제1차'가 아니라 '제2차'라는 뻔히 보이는 문제를 지적하는 사람이 거의 없다.

도대체 왜 그럴까. '교정교열'을 왜 하는지도 모르는 채, 교정은 맞춤법이나 띄어쓰기를 바로잡고 교열은 문장을 '문법적으로' 다듬는 것이라고 통념적으로 이해하고 있기 때문이다. 말은 '생각의 집'이니, '교정교열'이라는 몹쓸 말부터 뿌리뽑지 않으면 아무리 열심히 꼼꼼하게 '교정교열'을 해도 이런 엉터리 문장이 버젓이 책으로 나올 수밖에 없다. 정말 큰일 낼 사람들이다. 과연 이 글이 담길 책의 상품성에서 '세계대전'을 띄어 쓰거나 '끝난 지'를 붙여 써서 생기는 문제와 '1995년이 1919년에 끝난 제1차 세계대전이 끝난 지 50년이 된다'고 못박아 말해서 생기는 문제 중에 어느 쪽이 더 치명적일까. 그것을 고민하지 않는다면, 가공작업을 맡겨서도 안 되고 겁도 없이 가공을 하겠다고 덤벼들어서도 안 된다. 그것은 책에 대한 모욕이며, 저자에 대한 결례이고 독자에 대한 무책임이다.

편집자와 저자

책이 의미를 구현하는 데는 성격이 서로 다른 두 가지 기호가 동원된다. 하나는 언어기호이고 또 다른 하나는 시각기호이다. 달리 말하면 책은 언어매체이면서 동시에 시각매체이다. 물론 이때 본원적인 것은 어디까지나 언어기호이고, 시각기호는 파생적이다. (유아용 그림책이나 도록 따위의 일부 특수한 영역의 출판물은 당연히 예외다.)

　언어기호는 책이 담고 있는 내용이고, 시각기호는 그것을 담는 형식이라 해도 같은 말이다. 위에서 말한 대로, 저자가 생산한 언어기호를 시각기호로 표현하는 것이 (설령 지금은 '디자인'이라는 분야로 특화되어 있다 해도) 적어도 전통적인 의미에서의 편집이다. 달리 말해, 책이 담고 있는 언어기호는 편집자의 영역이 아니라 당연히 저자의 영역에 속한다. 편집자가 저자의 원고를 시각화하기 위해 '정리'하는 수준에서라면 몰라도, 원고를 구성하는 언어기호 자체를 '가공'한다는 것은 원론적으로 있을 수 없는 일이다. 그런 점에서 앞서 소개한『출판편집총람』의 설명방식은 충분히 음미할 만한 것이다.

저작권의 가장 기본적인 개념에서 보더라도, 저자가 아닌 제삼자가 어떤 이유에서든 원고 자체에 수정을 가한다는 것은 중대한 저작인격권의 침해 행위이기도 하다. 가령 어느 화가가 그림을 그렸다고 하자. 소재도 좋고 구도도 좋은데, 특정 부분의 선이 좀 거칠다거나 색감이 좀 엉성하다고 다른 누군가가 덧칠을 했다고 하자. 설령 그 의도가 아무리 좋다 해도, 또 그 결과 이전보다 훨씬 더 훌륭한 그림이 되었다 해도 그것은 명백히 '저작물의 훼손'이다. 화가의 미숙이나 실수로 인해 그림의 완성도가 그리 훌륭하지 못하다 해도, 그것은 '비평'의 대상이지 '가공'의 대상이 아니다. 책에 담긴 저자의 글 역시 마찬가지다. 내용도 좋고 전개방식도 훌륭한데, 일부 표현이 거칠거나 엉성하다고 다른 누군가가 매끈하게 다듬었다고 하자. 의도가 아무리 좋고 또 그 결과 이전보다 훨씬 더 훌륭한 글이 되었다 한들 그것이 '훼손'이라는 사실이 달라지는 것은 아니다.

현실적으로 수많은 편집자들이 현장에서 '교열'을 통해 원고를 '가공'하고 있지만, 정작 그 작업의 의미를 정확히 이해하고 있는 사람은 드물다. 남의 저작물을 '훼손'하는 일을 하면서도 그것을 '왜' 하고 있는지 제대로 되짚어보지 않는다는 것이다. 내가 '교정교열 과정'의 첫 시간에 항상 하는 말이 있다. 서교동 네거리(파주출판단지 입구라고 해도 좋다)를 막고 지나가는 편집자에게 한번 물어보자. "도대체 교정교열을 왜 하는가?" 아마 모르긴 해도 열에 일곱은 이렇게 대답할 것이다. "잘못된 말을 고치기 위해서 하는 거 아닌가요?" 위에서 했던 말을 되풀이하자면, 설령 '잘못된 말'이 있다 해도, 그것은 '비평'의 대상이지 '가공'의 대상이 아니다. 그러나 그것만이 문제의 전부는 아니다. '잘못된 말을 고친다'는 것은 교정校訂 혹은 교열의 사전적 정의다. 따라서 위의 대답은 "잘못된 말을 고치기 위해서 잘못된 말을 고친다"는 동어반복에 지나지 않는다. 그러니까 도대체 '왜' 고치는가에 대해서는 아무것도 대답하지 않은 셈이다.

교열은 왜 하는가

나는 위에서 책에 담긴 글을 화가가 그린 그림에 비유했다. 물론 글과 그림은 '저작물'이라는 점에서 공통점이 있다. 그러나 글과 그림은 다르다. 그림은 이 세상에 하나밖에 존재하지 않으며, '전시'라는 방법을 통해서밖에는 불특정 다수에게 전달할 수 없다. 물론 그림도 얼마든지 복제할 수 있지만, 복사판의 값어치가 원본의 값어치와 같다고 믿는 사람은 없다. 그림도 개인에게 판매가 되기는 하지만, 그것이 세상에 하나밖에 없는 것이기 때문에 사려는 사람이 평가하는 가치에 따라 가격이 천차만별이다. 이와는 달리 글이 담긴 책은 저작물이기도 하지만 동시에 상품이기도 하다. 글을 쓰는 사람은 팔기 위해서가 아니라 그 이전에 '읽히기' 위해서 쓰는 것일 수 있지만, 책은 팔기 위해 만드는 것이다. 그리고 일반 공산품처럼 '원본과 동등한 가치를 가진 복제품'을 다량으로 인쇄해서 불특정 다수의 독자에게 판매하는 방식으로 그 내용을 전달한다.

　세상에 하나밖에 없는 물건은 설령 일반적인 기준에서 완성도가 떨어진다 해도 그만큼의 가치라도 평가해주는 사람이 한 명만 있다면 팔릴 수 있지만, 동등한 가치를 가진 똑같은 물건을 다량으로 시장에 내놓을 때는 얘기가 달라진다. 일반적인 기준에서 완성도가 떨어지는 '불량품'이라도 일정한 가치는 있다고 사줄 사람이 있다 해도 그 범위는 '다량으로 인쇄'할 필요를 무색하게 할 만큼이나 축소될 것이다. 이것은 출판 행위의 존재 근거를 부인하는 자기모순이다.

　나아가 언어기호가 가지는 이중성에도 주목할 필요가 있다. 화가가 그린 그림은 아무리 짧은 선 하나도, 아무리 작은 부분에 칠한 색깔 하나도 전체로서의 작품의 일부이지만, 언어기호의 예술에 속하는 순문학작품이 아닌 이상 일반적으로 글은 그렇지 않다. 글이 저작물인 이상 그것을 구성하는 언어기호가 저작자의 '고유한' 사유의 산물인 것은 틀림없지만, 마치 언어기호와 시각기호의 통합체인 책에서 내용으로서의 언어기호와 형식으로서의 시각기호를 분리할 수 있듯이, 언어기호 자체에 대해서도 저자가 말하려는 내용과 그것을 전달하는 형식을 얼마든지 분리할 수 있다. 그리고 달을 가리키면 달을 봐야지 손가락 끝을 보지 말라는 말도 있거니와, (역시 순문학 분야를 예외로 하면) 일반적으로 '비평'의 대상이 되는 것은 글이 전달하고자 하는 내용이지, 그것을 전달하는 언어기호의 형식이 아니다.

　게다가 더 중요한 것은 언어기호가 다른 기호와 달리 보편적인 의사소통 수단이라는 점이다. 가령 어느 화가가 다중 앞에 '전시'하기에는 너무나 미숙한 그림을 그렸다면 일정한 완성도에 도달할 때까지 열 번이고 스무 번이고 다시 그려보라고 하면 그만이지만, 어떤 사람(작가가 아니다!)이 다중 앞에 출판하기에는 너무나 미숙한 글을 썼다고 해서 열 번이고 스무 번이고 다시 써보라고 하는 것은 거의 폭력이다. 언론과 출판의 자유를 헌법적인 권리로 보장하는 것이 무슨 뜻이겠는가. 그러한 이유에서 그 사람이 전달하고자 하는 내용의 가치만 충분히 인정한다면, 그것을 표현하는 언어기호의 형식에 관한 한 좀더 효과적인 의사전달을 위해 '가공'이 개입할 여지가 생겨나게 되는 것이다.

잠시 옆길로 빠지자면, 고유의 '가공' 영역을 '디자이너'에게 넘겨준 편집자에게 새로운 '가공'의 영역이 생겨난 데에는 한국 정보통신 산업의 비약적인 발전이라는 배경이 작용하고 있다. 만일 20년 전쯤처럼 대부분의 저자들이 육필로 원고를 작성할 수밖에 없다면, 그 범위는 오랜 세월 '문필능력'을 갈고 닦아온(그럴 만한 사회경제적·문화적 여유를 누리는) 사람들로 협소하게 제한될 수밖에 없다. 이러한 상황은 위의 두 가지 조건 모두에서 '가공'의 여지를 기각한다. 적어도 글말로서의 언어기호는 아직 보편적 의사소통 수단이 아니며, 이때 오랜 세월 갈고 닦은 '문필능력'이라는 것 자체가 바로 위에서 말한 '상품적 완성도'의 실질적 내용이기 때문이다 그러니 원고를 써주신 것만으로도 고마운 일이지 다른 군말을 붙일 계제가 아니었다.

그러나 글을 '쓰지' 않고 '두드리게' 되면서 비로소 '말의 민주화'가 이루어진다. '문필능력'을 갈고 닦는 훈련과정을 생략하고도, 다시 말해 '상품적 완성도'를 염두에 두지 않고서도 얼마든지 책의 내용물(콘텐츠)로서의 글이 생산될 수 있게 된 것이다. 이렇게 생산된 보편적 의사소통 수단으로서의 글말과 책의 상품적 완성도 사이의 긴장 위에 '가공'으로서의 '원고 교열'이 존재한다.

이것이 '원고 교열'의 의미이고, 그 한계이기도 하다. 무슨 이름으로 부르건 그것이 본질적으로 저작물의 훼손임에 분명하다면, 그 한계는 정확히 그 정당한 목적에 부합하는 데까지이다. 책의 상품적 완성도를 높인다는 목적, 의사전달의 효율성을 높인다는 목적에 부합해야만, 그것을 '훼손'이 아닌 '교열'로 인정할 수 있다는 것이다. 뒤집어 말하면, 책의 상품적 완성도와는 아무 상관이 없는데도 '빨간 펜'을 들이대거나 심지어 그 결과 의사전달의 효율을 더 떨어뜨리기까지 한다면 그것은 무슨 이유로 변명한다 해도 '교열'이 아니라 명백한 '훼손'이다.

언어 규범에 대한 미신

이것은 사실 조금만 생각해봐도 자명한 이치이다. 그런데도 '상품적 완성도와는 아무 상관이 없는데도' 또 심지어 '의사전달의 효율을 더 떨어뜨리면서'까지 무모하게 '훼손'을 감행하면서도 많은 사람들이 그것을 마치 대단한 가치를 지닌 '가공'작업인 양 믿는 데는 그저 웃어넘기지만은 못할 이유가 있다.

나와 함께 '교정교열 과정' 강의를 진행하는 김철호 선생이 언젠가 〈기획회의〉에 연재하던 「우리말 이야기」 지면을 통해 지적했던 '맞춤법 노이로제'가 바로 그것이다. 초등학교 1학년부터 적어도 대학 입학시험을 치를 때까지 '국어 공부'라는 게 오로지 '정답 찾기'뿐인 사회에 살면서, 그와는 다른 '국어 공부'를 전혀 상상도 할 수 없었던 사람들이 규범에 대한 노이로제에 휘둘리지 않는 게 오히려 이상한 일이다. 앞서 예로 들었던 문장을 다시 가져와 설명하자면 이렇게 된다. 이분들이 생각하는 '교정교열'의 세계에서는, 가령 '세계대전'을 붙여 썼을 때와 띄어 썼을 때 의사전달 효율이 어떻게 달라지는지 따위는 관심 밖이다. 그저 그것이 누군가가 정해놓은(누가 그것을 정했는지도, 왜 정했는지도 물론 관심 밖이다) 기준에 '맞는지 틀리는지'만이 유일한 관건이다. 이것은 앞서 '버스정류장, 주차 금지' 표지판의 예에서 드러난 것과 같은 전형적인 '맹목'의 상황이다.

여러 해 동안 강의를 하면서 느끼는 바지만, 생각의 결도 일종의 습관이어서 한번 이렇게 길이 든 생각은 쉽게 고쳐지지 않는다. 아무리 '교열'과 '훼손'의 차이를 소리 높여 떠들고 '교열'의 의미와 한계를 정확히 짚어내도, "그래도 맞는 말을 써야 하는 거 아니에요?"라는 요령부득의 질문만 되돌아오기 일쑤다. 그때마다 드는 예가 하나 있다. 영어 사용자들이 일상적으로 흔히 쓰는 "It's me!"라는 말이 있는데, 이 말은 사실 문법적으로 '틀린' 말이다. (우리말에는 자동사와 타동사의 구분이 엄격하지 않아서 얼른 찾아내기 힘들지 모르지만, 순전히 문법적으로만 보자면 be동사는 자동사이므로 주격보어를 취하기 때문에 목적격인 me가 아니라 주격인 I가 와야 한다.) 그런데 우리나라에만 완고한 규범주의자가 있는 것은 아닌 모양이다. 어느 완고한 영문법 교수가 노상 "세상에 이런 엉터리 영어가 어딨냐. 제대로 문법에 맞게 써라"라고 야단을 치는 게 일이었다. 하루는 학생들이 강의실 문을 잠그고 교수를 시험했는데, 잠긴 문을 두드리면서 "Hey, open the door!"라고 소리치기에, 누구냐고 물으며 시치미를 뗐더니 교수님 가라사대, "It's me! Your professor!" 하더라나. 학생들이 폭소를 터뜨리며 "It's I"라고 하셔야죠, 비아냥댔다는 건 더 말할 필요가 없다. 내가 과문한지는 모르겠으나 실제로 이 문장을 "It's I"라고 정확하게(?) 말하는 사람이 있다면 아마 영어를 외국어로 배운 외국인들(그것도 영어 사용자와 대화를 통해 자연스럽게 배운 게 아니라 우리나라 식으로 문법 외우고 단어 외워서 얽어놓으면 영어가 되는 줄 알고 배운)뿐일 것이다.

나는 이 사례를 들면서 반드시 이렇게 질문한다. 여기에 계신 분들은(그러니까 지금 이 글을 읽고 계신 분들은) '교정교열'한답시고, 문법적으로는 설명하기 곤란하지만 실제로 자연스럽게 많은 사람들이 쓰고 있는 "It's me!"라는 문장을, 문법적으로는 완벽할지 모르지만 외국인으로 의심될 정도로 부자연스러운 "It's I"로 억지로 고쳐놓고는 스스로 만족하고 계시지는 않은지? 또는 이렇게 문법적으로 틀린 문장을 제대로(?) 고쳐놓지 못한다고 해서 자기나 다른 사람의 '가공능력'이 형편없다고 의심하고 계시지는 않은지? 나아가, 그래도 여전히 한국어 문법에 대한 이론적 지식을 갈고 닦는 것이 '가공능력'을 향상시키는 가장 유력한 방법이라는 사실상 미신에 지나지 않는 굳은 믿음을 포기하실 생각이 없으신지?

물론 그래서 규범이 불필요하다는 뜻은 전혀 아니다. 규범에서 벗어날 경우 의사전달의 효율성을 심각하게 저해할 수 있을 뿐 아니라 책의 상품성에 매우 중요한 요소 중의 하나인 '품위'를 해칠 수 있는 규범도 있다. 가령 "꽃이 예쁘다"를 "꼬치 옙브다"라고 적으면 곤란하다. 이렇게 본원적으로 청각기호인 언어기호를 어떻게 시각기호인 글자로 옮길 것인가에 관한 사회적인 약속을 '맞춤법', 한자로는 정서법正書法, 영어로는 스펠링spelling이라 한다.

'한글 맞춤법이 너무 어렵다'는 많은 사람들의 통념과 달리 한국어는 적어도 '맞춤법'에 관한 한, 세계적으로 가장 쉬워서, 웬만한 교육수준이나 문화수준을 갖춘 사람들이 맞춤법 틀릴 일은 거의 없다. 실제로 북에디터에 올라오는 질문 중에 순수하게 맞춤법과 관련된 질문은 거의 없다. (영어와 비교해보라. 철자만 보고는 발음을 정확히 알기 어려워서 반드시 사전을 찾아 발음기호를 확인해야 하고, 또는 입말은 유창한 원어민 중에도 철자에 상당한 곤란을 겪는 사람들이 많다. 한글은 그에 비하면 거의 천국이다. 글자 자체가 발음기호이기 때문이다.)

대부분의 사람들이 '맞춤법이 어렵다'고 토로하는 내용은 거의가 '이 말을 어떻게 글자로 적을 것인가'라는 맞춤법의 문제가 아니다. 가령 "예쁘다"를 "옙브다"라고 적지 않고 "예쁘다"라고 적는 것이 맞춤법이라면, "예쁘다"와 "이쁘다" 중에 어느 말이 맞는지(?)를 묻는 것은 맞춤법 문제가 아니다. 물론 많은 분들이 "예쁘다"가 맞고 "이쁘다"는 틀리다고 배워서 알고 계시겠지만, 유감스럽게도 사실을 말하자면 (약간 거칠게 말해서) 그에 관해서는 분명하게 정해진 바가 없다! 사전은 사람들이 널리 쓰는 말들을 참고가 되도록 모아놓은 것이지 '바른 말'이 무엇인지 정해주기 위해 만든 것이 아니다. "It's me!"는 틀렸다고 윽박지르는 영문법 교수의 예에서 보듯, 한국어에 대한 전문가 아니라 그 누구라도 민주사회에서 '바른 말'을 정할 권리를 행사할 수 있는 사람은 아무도 없다. 구체적인 의사소통의 맥락에서 어떤 표현이 더 적절할지는 오로지 그 맥락에 개입하고 있는 당사자가 결정할 문제다.

타 자 성 의 발 견
········· 말 배 우 기 의 출 발

앞서 편집자가 가공하는 것은 결국 눈에 보이는 글자가 아니라 눈에 보이지 않는 '의미'라는 것을 간략히 설명했다. 그것은 비단 여전히 편집자의 '고유 영역'으로 간주되는 언어기호만이 아니라, 흔히 '디자이너'의 영역으로 여겨지는 시각기호에 대해서도 마찬가지다. 디자이너(또는 디자이너의 역할을 하는 편집자)가 조판과정에서 가공하는 것은 눈에 보이는 선과 면 따위의 지면 구성 요소들 자체가 아니라 그것을 통해 구현해내야 할 눈에 보이지 않는 '의미'이다.

의미는 눈에 보이지 않기 때문에 눈에 보이는 기호를 통해 재현할 수밖에 없지만(혹시 텔레파시 같은 초자연적 능력을 통해 기호를 통하지 않고도 의미를 전달할 수 있을지도 모르지만 사소한 몸짓이나 표정 하나로도 사람의 마음을 읽을 수 있다면 이미 그 표정이나 몸짓조차도 일종의 '기호'이다), 의미가 담겨 있지 않은 기호는 이미 기호가 아니다. 별것도 아닌 얘기를 중언부언하는 것 같지만, 이 점을 되풀이 강조하는 것은, 흔히 '가공능력'의 향상을 기호 사용법의 숙달로 환원시키곤 하는 시각의 문제점을 지적하기 위해서이다.

어렵게 돌려 말할 것도 없다. '원고 교열'이라는 작업을 상정할 때, 적어도 한국어를 전공한 사람들이 그렇지 않은 사람들보다 더 나은 능력을 가지고 있으리라는 전혀 현실적인 근거가 없는 믿음이 현장에서 횡행하는 이유는 도대체 무엇인가. 정규 과정을 통해 전문적으로 '문법 이론'을 배운 사람들이 그렇지 않은 사람들보다는 '언어기호'의 사용에 더 나은 능력을 발휘하리라고 기대되기 때문이 아닌가. 그런데 과연 그러한가. 결론부터 말하자면 어떤 문장이 '말이 되는지 안 되는지' 또는 좀더 정교하게는 '그 내용을 전달하기에 적절한 표현인지'를 파악해낼 수 있는 능력은 한국어 문법에 대한 이론적 지식과는 거의 무관하다.

가령 "나는 어제 집에 가겠다" 따위의 도무지 말이 안 되는 비문非文이 이상하다는 것을 알기 위해 한국어에 대한 전문적이고 이론적인 지식이 필요한가. 가공능력이란 의미를 다루는 능력이지 기호를 다루는 능력이 아니다. 물론 의미를 표현하는 것은 기호이므로, 의미를 다루는 능력이 훌륭한 사람이란 당연히 기호를 다루는 능력이 뛰어날 수밖에 없지만, 의미를 다루는 능력이 없이 기호를 잘 다룬다는 것은 논리적으로나 현실적으로 불가능한 일이다. 의미가 사상되면 그것은 더 이상 기호가 아니기 때문이다.

기호의 의미는 어떻게 만들어지는가

예를 들어보자. 다음과 같은 '기호'를 보면 우리는 그것이 '화장실'이라는 의미임을 안다.

그런데 이 그림이 도대체 어떻게 '화장실'인
가? 설령 이 그림 안에 들어 있는 모양이 사람
을 단순하게 묘사한 것이라는 점을 전제하더
라도(실은 그것도 따지고 보면 우리가 이 그림에서
사람을 연상하는 것일 뿐, 누군가가 "혹시 눈코입이 없는 '달걀귀신'이라면
모를까 사람은 아닌 것 같다"고 대든다면 이것이 달걀귀신이 아닌 사람이라
는 걸 설명하기는 쉽지 않다) 이 그림은 고작 '두 사람이 나란히 서 있
다'는 의미를 표현할 뿐이다. 또는 나아가 한 사람은 여성이고 한 사
람은 남성이라는 것을 치마와 바지로 단순화해서 상징한 것이라고
이해하더라도(사실은 이것도 억측이다. 왼쪽 그림이 사람이라면 치마를 입
은 것이라고 보는 데 무리가 없지만, 오른쪽 그림이 사람이라면 이 자체로는
아무것도 입지 않은 '나체족'일 뿐이며 남자도 여자도 결국 전체적으로는 이
렇게 생겼다. 다만 왼쪽 그림과 나란히 대비를 시켜놓았기 때문에 그 '맥락'
속에서 바지를 입은 남자로 여겨지는 것뿐이다. 게다가 치마와 바지의 대립
이 여성과 남성을 상징한다는 것도 일종의 비약이다. 가령 '치마 입은 여자'와
'바지 입은 여자'라고 해석할 수도 있다) 그저 '여성과 남성이 나란히 서
있다'는 것을 뜻할 뿐이다.

두 사람 사이에 세로줄이 있으니 단순히 '나란히 서 있다'기보다
는 '따로따로 서 있다'는 것을 의미할 수 있다 해도, 거기서 바로 '화
장실'이라는 의미가 만들어지지는 않는다. 남자와 여자가 나란히 서
있는데 그 사이에 '벽'을 그려넣었다면 혹시 '이혼 법정'의 표지판이
나 남성 패널과 여성 패널로 편을 갈라 논쟁을 벌이는 텔레비전 토

론 프로그램(또는 남성팀과 여성팀으로 편을 갈라 게임을 하는, 예컨대 〈가족 오락관〉 같은 오락 프로그램)의 로고로 해석한다고 해서 이상할 것이 있는가? 또는 세로줄이 단순히 '벽'을 세운 것이 아니라 '공간의 구분'을 의미한다 해도 남성과 여성의 공간이 구별되는 것이 어디 화장실뿐인가? 가령 왜 이 그림이 '목욕탕'이나 '탈의실'을 뜻하지는 않는가?

이것은 '의미'라는 것이 '기호' 자체에 내재하는 것이 아니라는 것을 말해준다. 혹시 그림이 아닌 언어기호는 좀 다르지 않냐고 반문하신다면 이런 예를 들 수 있다. '어머니'라는 언어기호가 꼭 '어머니'라는 의미를 가진다는 필연성이 어디 있는가. 만일 그런 필연성이 있다면 어느 나라 말이든 '어머니'라는 의미는 꼭 '어머니'라는 소리를 가진 단어로만 표현되어야 할 터인데, 그것이 사실이 아니라는 것은 누구나 알고 있다. 가령 영어에서는 이 의미를 표현하기 위해 'mother'라는 기호를 사용한다. 물론 'mother'라는 기호와 '어머니'라는 의미도 아무런 필연적인 관계가 없다. 그렇다면 위의 그림이 '화장실'을 의미하는 기호로 쓰이게 된 것은, 기호 자체가 그 의미를 가져서가 아니라 사회적으로 이 그림을 그런 의미로 '사용'했기 때문이다. 모든 기호의 의미는 그 '사용'에 있다. 'mother'이든 '어머니'이든 '오카상'이든 그것이 '어머니'를 의미하는 것은, 사람들이 그 기호를 '어머니'라는 의미로 '사용'하고 있기 때문이다.

기호의 의미는 어떻게 파악되는가

그런데 사람들은 그 기호가 그런 의미로 '사용'되고 있다는 것을 과연 어떻게 알 수 있을까. 혹시 위와 같은 그림을 보여주면서 "이건 화장실이라는 뜻이야"라고 유치원에서라도 배운 적이 있는 분이 계신지? 혹은 어느 친절한 선생님이 일일이 그렇게 알려준 일이 기억나는 분이라 해도, 그래서 그렇게 가르쳐주지 않았다면 도저히 그 의미를 배우지 못했을 것이라고 생각하시는지? 아무리 생각해봐도 누가 가르쳐준 것 같지도 않고, 또 굳이 가르쳐준 사람이 있는 경우라도 그렇게 배울 필요는 없었다고 생각한다면, 도대체 우리는 단순히 '사람 비슷하게 생긴 모양 두 개가 세로줄을 사이에 두고 나란히 서 있는' 그림이 '화장실'이라는 뜻이라는 것을 어떻게 알게 된 것일까.

그건 아주 간단하다. 내가 가는 화장실마다 저 그림이 붙어 있었기 때문이다. 사람을 개에 비유해서 좀 미안하기는 하지만, 파블로프의 개가 종소리만 들으면 침을 흘린 것과 사실은 별다를 바 없는 일종의 '조건반사'라고 해두자. 한국어를 사용하는 사람이 '어머니'라는(또는 영어를 사용하는 사람이 'mother'라는) 기호가 '어머니'라는 의미임을 알게 되는 과정도 마찬가지다. 혹시 '어머니'가 무슨 뜻인지 명료하지 못해서 그 뜻을 알기 위해 국어사전을 찾아본 적이 있으신지?

그래도 선뜻 납득이 안 된다면 재미있는 상상을 해보자. 만일 살면서 단 한 번도 집 밖에서 공중화장실을 사용해본 적이 없고 지나가다 공중화장실을 눈여겨볼 일조차 전혀 없었던 사람이 있다고 가정해보자. 이 사람은 과연 위와 같은 그림을 보았을 때 그것이 '화장실'을 뜻한다는 것을 쉽게 알아차릴 수 있을까? 아마 운전면허시험을 준비하면서 도로 표지판을 따로 익히듯이 시간을 내어 배우지 않는다면 여간 상상력이 풍부한 사람이 아니라면 바로 알아채기는 어려울 것이다. 하지만 단지 따로 배운다고 해서 이 기호의 의미를 온전히 내면화할 수 있을까. 가령 무슨 사정이 있어서든 당장은 집 밖으로 나가 이 그림이 사용되고 있는 현장에 가볼 일이 없는 사람이라면, '까먹지 않기 위해' 되풀이해서 외우려는 노력을 하지 않는 한, 얼마 못 가서 "이게 무슨 뜻이었더라. 아 이거 알았었는데" 하기가 쉬울 것이다.

'화장실'을 의미하는 기호는 그래도 연상을 이용한 그림이기 때문에 조금만 노력한다면 화장실을 직접 보지 않더라도 그 의미를 이해하는 데는 큰 지장이 없을지도 모른다. 하지만 언어기호는 절대 그렇지 않다. 우리는 '어머니'라는 소리(또는 그 소릿값을 표현한 글자)만을 통해서는 결코 '어머니'라는 의미를 연상할 수 없다. 하지만 대부분의 사람들에게 그 연상이 가능한 것은, 마치 운전면허시험 준비를 하면서 도로 표지판을 놓고 그 의미를 반복학습하여 외우듯이 '어머니'라는 기호와 그 의미를 반복학습했기 때문이 아니다. 현실적인 삶에서 '어머니'의 존재(자기 어머니든 남의 어머니든)를 의식하면서 반복 사용했기 때문이다. 그것은 이미 외국어 학습의 경험을 통해 충분히 입증된 사실이다. 영어사전을 씹어먹어가면서 '열심히' 반복학습한다고 해서 영어를 잘하게 되던가, 『성문종합영어』의 책장이 찢어지도록 줄쳐가면서 외운다고 영어 문장을 자유롭게 구사할 수 있게 되던가. 노력 여하에 따라서는 어느 정도 되는 사람도 물론 있겠지만, 일반적으로 그 기대 가능성이 그리 높지 않다는 것은 우리 모두가 익히 알고 있는 사실이다. 의미가 만들어지는 사회적 맥락에 실제로 접촉하지 않고서 그 의미를 온전히 내면화하는 것은 불가능하며 따라서 그 의미를 담은 기호를 다루는 데 능숙해질 수도 없다. 모든 말 배우기는 궁극적으로 '흉내내기'다.

사회적 타자와 언어기호를 다루는 능력

얘기가 이쯤에 이르면, 결국 편집자의 '가공능력'의 기초는 '판단능력'의 기초와 다르지 않다는 것을 알 수 있다. '의미가 만들어지는 사회적 맥락에 실제로 접촉한다'는 것이 과연 무슨 뜻이겠는가. 앞서 '전체를 보는 통찰'에 관한 서술에서 언급했던 바로 '관계 맺기'이다. 앞서의 '감수성sensibility'에 관한 서술을 다시 끌어오자면, 어떤 말의 의미가 나에게 파악된다는 것은 그 말이 사용되고 있는 맥락이 나에게 '상처'를 입혔다는 뜻이다. 언어기호를 여느 사람보다 정교하게 다루는 사람이 있다면, 그 사람은 다른 사람보다 '국어 교과서'를 열심히 공부한 사람이 아니라 일상의 언어적 경험들이 자기 자신과 맺고 있는 관계를 파악해내는 데 다른 사람보다 민감한 사람이다. 그리고 어쩌면 그것이야말로 진짜배기 '국어 공부'다.

그렇다면 그런 '국어 공부'는 어떻게 하면 되는 것일까. 감수성의 비밀은 용기라고 말했지만, 이것이 도덕 교과서에서 상투적으로 언급되는 그런 종류의 용기는 아니다. 가령 어느 소설에서 "그 여자는 자의식이 너무 강해 외국어를 결코 배울 수 없었다"는 구절을 읽고 전해준 이가 있다. 나 자신의 경험을 돌이켜보니 내가 미국에서 열 달을 지내면서도 영어가 전혀 늘지 않았던 이유도 그와 무관하지 않은 듯하다. 누구든 전혀 말이 통하지 않는 답답한 상황에서라면 자신이 바보처럼 느껴지는 것을 감수하지 않으면 한마디도 쉽게 입을 뗄 수 없다. 솔직히 말해, 나는 그 모멸스러운 느낌이 싫어서 적어도 나를 바보라고는 여기지 않을 한국 사람들과 한국말로만 이야기하려 했다. 미국에 살면서도 영어를 사용할 기회를 스스로 차단했으니 영어로 의사소통을 할 수 없는 상태가 조금도 개선되지 않은 것은 너무나 당연한 일이다. 모국어라고 해서 다를 리가 없다. 사투리 억양이 심한 사람들은 누구나 그것을 경험적으로 알고 있다. 사투리를 교정하는 동력은 다름 아닌 일종의 '모멸'이다.

흥미로운 것은, 사투리 교정의 양상이 성별에 따라 커다란 편차를 보인다는 것이다. 일반적으로 여성이 남성보다 훨씬 더 빠르게 표준어를 익히고, 또 사투리 억양을 완전히 제거하지 못한다 해도 여성이 남성보다 훨씬 더 약화된 양상을 보인다. 우리나라에서만 그런 게 아니라 일반적으로 여성이 남성보다 말을 더 잘 배운다는 것은 거의 전 인류적인 현상이다. 언어를 학습하는 능력에서의 이런 성별적 차이를 생물학적으로(좌뇌와 우뇌의 기능과 연관하여) 설명하려는 시도도 없지는 않지만, 나는 사회심리학적인 설명을 더 선호하는 편이다. (생물학적 설명의 타당성을 완전히 부인하는 것은 아니지만, '원래 그렇게 생겨먹었다'는 설명에 주저앉아버리고 말면, '그냥 생긴 대로 살게 내버려두라'는 말밖에 달리 덧붙이기 난처해진다. 그럴 거라면 '에디터십 업그레이드'를 위한 이 글은 뭐하러 쓰는 걸까.) 요컨대 남성 중심의 가부장 사회에서 여성이라는 성별은 사회적 타자他者이다.

또 위대한 예술가들이란 시각기호든(미술), 청각기호든(음악), 언어기호든(문학) 기호를 다루는 데 탁월한 사람들이라고 정의할 수 있지만, 그들이 자신의 분야에서 위대해질 수 있었던 것은 그 내면에 자신이 발딛고 살아가는 사회와의 온전히 화해되지 않는 긴장이 지속되었기 때문이다. 어떤 이는 그것을 '시대와의 불화'라고 표현하기도 했지만, 사회적 타자로서의 자의식과 의미를 다루는 능력은 무관하지 않다.

어렵게 돌려 말할 것도 없이, 눈짓만으로도 다른 사람을 자기 의지대로 부릴 수 있는 사람에게는 말이 굳이 필요없지만, '왕따'는 어떻게든 소통의 방법을 찾기 위해 애쓸 수밖에 없다. 물론 '왕따'라고 해서 모두 기호를 다루는 능력이 뛰어난 것은 아니겠지만, 적어도 이렇게는 말할 수 있다. 자신이 마주하고 있는 사회적 소외라는 상황에 필연적으로 수반되는 일종의 '모멸'을 회피하려 한다면 오히려 소통을 포기하는 쪽으로 흐르기 쉽겠지만, 그것을 삶의 조건으로서 어떻게든 감당하려 한다면 더 효과적인 소통 방법을 찾으려는 쪽으로 나아가면서 자연스럽게 기호를 다루는 능력도 계발될 것이다. 아쉬울게 없는 사람(또는 아쉬울 게 있는 자신을 못 견뎌하는 사람)은 다른 사람들의 말을 굳이 흉내낼 필요가 없다. 예컨대 한국사회에서 영남 방언 사용자들이 호남 방언 사용자들보다 표준어에 적응하는 정도가 훨씬 덜한 것은, 영남 방언이 가지는 언어적 특성이 유달리 독특해서가 결코 아니다.

용변이 급하지 않은 사람에게 도처에 널린 '화장실' 표시는 아무런 의미가 없다. 우리는 늘 다른 사람의 말을 듣고 또 책을 읽지만, 그 모든 말을 다 흉내내지는 않는다. 오로지 내 삶에 깊숙이 작용하는 말에 한해서 그 의미를 포착하려 애쓸 뿐이다. 열 살이 넘어서도 '밥'이라는 말을 할 줄 모르고 '맘마'를 고집하는 아이가 있다면, 해결책은 간단하다. '맘마'라고 하면 못 들은 척 '밥'이라는 말이 나올 때까지 굶기면 된다. 배고프면 어쩌겠는가. 낯설고 어색해도 연습하는 수밖에. 요컨대 자신의 삶(삶 속에서의 구체적 필요)과 유리된 텍스트로는 말을 제대로 배울 수 없다.

말은 총체적 교양의 발현

내 강의만을 듣고 나를 '교열 작업'의 완성도에 상당히 까탈스러운 편집자일 거라고 넘겨짚는 분들에게는 뜻밖으로 들릴지 모르지만, 적어도 (편집 선생으로서가 아닌) 독자로서의 나는 출판계 동료들의 거의 '살인적인' 작업환경을 이해하려 애쓰는 편인지라 의미를 곧바로 이해하는 데 별다른 지장을 주지 않는 사소한 오탈자나 규범 위반에 대해서는 가십거리 정도로 치부하며 너그럽게 넘어가는 편에 속한다.

내 글쓰기부터가 그렇다. 내가 사용하는 워드프로세서 프로그램의 맞춤법검사기는 위에서 쓴 '까탈스럽다'라는 단어에 빨간 줄을 긋고 있다. 당연한 일이다. '까탈스럽다'는 규정상 비표준어이기 때문이다. 표준어로는 '까다롭다'라고 써야 옳다. 그러나 내 개인적인 언어감각으로는 '까다롭다'와 '까탈스럽다'는 많은 부분 유사한 의미를 내포하기는 하지만, 온전히(100퍼센트 호환 가능하게) 의미가 포개지지는 않는다. 요컨대 "문제는 까다롭고 사람은 까탈스럽다!" 혹 나만 유난히 까탈스러워서 그걸 굳이 구별하려는 거라면 고약한 내 '성질머리'를 탓하며 표준어를 쓰려 노력하겠지만, 강의에서 이 사례를

139

인용하면 대체로 많은 사람들이 이런 구별에 동의하는 편이라는 것을 확인할 수 있다. 그 모든 사람이 '까탈스럽다'를 거리낌없이 사용한다는 '문헌적 증거'(바로 우리가 현장에서 만들어내는 책들이다)가 충분하다면 '사글세'가 '삭월세'를 밀어내고 표준어가 되었듯이(손바닥 맞아가며 '삭월세'가 옳다고 교육받은 세월이 좀 억울하기는 하지만) '까탈스럽다'도 표준어의 지위를 획득하게 될 것이다.

　단순한 미스타이핑으로 인한 오자도 그렇다. 편집자들과 이야기하다 보면 포복절도할 오자 사례들이 무궁무진하게 발견되지만, 가령 '자살 충동을 느낀다'가 '자살 출동을 느낀다'라고 적혀 있다 해서 크게 문제될 것은 없다. 아예 '자살 충동'의 의미를 이해하는 데 서투른 초등학생이라면 모를까, 대부분의 사람들은 글을 꼼꼼히 읽는 데 여간 훈련되지 않는 한, 오자가 있는 줄도 모르고 그냥 '자살 충동을 느낀다'로 읽는다. 글자를 하나하나 떼어 읽는 게 아니라 일정한 의미 단위를 한덩어리로 읽기 때문이다. 남이 쓴 글의 오자를 발견하기는 쉽지만 자기가 쓴 글에서 오자를 발견하기가 그보다 훨씬 어려운 것도 그 때문이고, (나는 심지어 '목적이 수단을 정당화할 수 있는가'라는 상투적인 문장을 '수단이 목적을 정당화할 수 있는가'라고 써놓고는 서너 번을 되풀이 읽으면서도 이 어이없는 오류를 발견하지 못한 적이 있다. 오히려 그 상투성 때문일 것이다. 하지만 아마 다른 사람이 쓴 글이었다면 대번에 알았을 것이다.) 교정지를 볼 때는 어디 숨어 있었는지 눈을 씻고 찾아도 안 보이던 오자가 꼭 책 나온 뒤에 기분 좋게 펼치면 대문짝만하게 눈에 들어와 기분을 잡쳐놓는 것도 그래서이다. (나는 후배들이 이런 경험을 토로하면 "출판사에 귀신이 사는 거 여태 몰랐어? 교정지 볼 때 귀신이 지나간 거야!" 라고 우스갯소리로 위로해주는 편이다.)

도저히 용서가 안 되는 책

하지만 아무리 너그러이 이해해주려 해도 '도저히 용서가 안 되는' 사안들도 수두룩하다. 가령 언젠가 읽은 어느 과학책은 스페인어 원서의 한국어판이었는데, 스페인어 전공자들이 (아마도 상당히 공들여) 번역해 내놓았다. 그런데 과학 전공자들도 까다로워하는 대단히 복잡한 이론도 아니고 중학교 수준에서 다루고 있는 물리법칙들조차 도저히 무슨 내용인지 알 수 없을 정도로 난삽하게 서술되어 있었고, 일반인들에게도 익숙한 유명한 과학자들의 이름조차도 엉망으로 표기되어 있었다. 비슷한 예는 많다. 독일어 원서를 독일어 전공자가 번역한 책을 읽는데 저 유명한 '페르마의 마지막 정리'를 번역자가 의미를 제대로 알고 번역했다고는 도저히 믿을 수 없을 정도로 이중삼중으로 비비 꼬인 문장으로 서술해놓은 것을 보고 기가 찼던 적도 있다. 중국 책을 번역한 어떤 역사책은 고대 편에 나오는 모든 연대를 '기원전'으로 표기하는(로마 제국이 기원전 5세기에 멸망하고 난리가 아니다) 만행(!)을 저지르기도 했다.

옆길로 빠지자면, 내가 '영어 몰입 교육' 따위로 영어 구사 능력을 향상시킬 수 없다고 믿는 것은 그런 식의 방법이 영어 학습에 도움이 되지 않는다고 생각해서가 아니다. (오히려 앞서 말했듯, 말 배우기는 흉내내기라는 움직일 수 없는 전제를 고려하면 가장 좋은 방법이라고까지 생각한다.) 말을 이용해서 표현할 내용물에 대한 고려 없이 '말'만을 배운다는 게 도대체 무슨 의미가 있는지, 아니 의미를 떠나서 과연 가능하기나 한 것인지 의심스럽기 때문이다. 예컨대 위에서 나열한 것과 같은 대형 사고가 일어나는 까닭이 과연 해당 언어를 전공한 번역자들의 외국어 능력이 모자란 탓일까.

얼마 전 어느 토크 프로그램에 나온 아나운서가 이런 예를 들었다. "똑같은 내용의 뉴스 원고를 읽어도 어느 아나운서가 읽으면 귀에 쏙쏙 들어오는데, 어느 아나운서가 읽으면 아무리 귀기울여 들어도 무슨 내용인지 쉽게 의미 파악이 안 될 때가 있다. 왜 그럴까?" 나는 곧바로 그 답을 짐작했고, 그 아나운서가 내놓은 답도 내 짐작과 다르지 않았다. "아나운서가 그 내용을 정확히 이해하지 못한 상태에서 그냥 원고에 쓰인 대로 읽기만 하면, 아무리 발음이 정확하고 목소리가 낭랑해도 의미 전달에 실패할 수 있다"는 것이다. 나는 어느 뉴스에서 아나운서가 '성적 자기결정권'이라는 말을 ('성적 자기결쩡꿘'이라고 읽지 않고) '성적 자기결쩡꿘'이라고 너무나 정확한 표준 발음으로 유창하게 읽어내려가는 것을 보고 혀를 찬 일이 있다. 설마하니 그 아나운서가 '성적 자기결정권'이라는 말의 의미를 몰랐던 게 아니라면 그 순간만큼은 딴생각을 하고 있었던 게 틀림없다.

원고 교열 과정에서 일어나는 대부분의 실수는 편집자가 꼼꼼하지 못하기 때문에 일어난다. 그러나 대개 그런 실수의 대부분은 혹 편집자보다 책을 더 꼼꼼하게 읽는 일부 독자들에게 책의 품위와 관련하여 신뢰를 해칠 수 있을지는 몰라도 의미 전달에는 큰 문제가 없는 경우가 많다. 그래도 명색이 직업이라고 최대한 꼼꼼하게 원고를 들여다보았을 편집자가 발견하지 못했다면(멀쩡히 '자살 출동'이라고 적혀 있는 걸 너무나 당연하다는 듯이 '자살 충동'으로 읽었다면) 그보다는 덜 꼼꼼하게 읽게 마련인 독자들도 눈치채지 못할(똑같이 '자살 충동'으로 읽어버릴) 가능성이 높기 때문이다. 하지만 그야말로 '도저히 용서가 안 되는' 불량품을 버젓이 책이라고 내놓게 되는 것은 '편집자의 꼼꼼함'과는 사실상 거의 무관하다. 쉽게 말하자. 번역물도 아닌 저작물의 문장이 난삽한 것은 저자가 (순수하게 언어기호를 다루는 기술적 능력이 부족해서가 아니라) '자기도 모르는 내용을 잘 안다고 착각하는 겉멋에 취해서 제멋대로 휘갈겼기' 때문인 경우가 많고, 번역 문장이 난삽한 것은 (번역자의 외국어 능력이 부족해서가 아니라) 마치 아나운서가 자기도 이해하지 못하는 내용을 읽듯이 그 내용을 정확히 이해하지 못한 상태에서 기계적으로 대입하듯이 번역 작업을 했기 때문인 경우가 많으며, 편집자가 그것을 제대로 다듬어내지 못하는 것은 '저자나 역자도 모르는 내용을 편집자가 알 턱이 없기' 때문인 경우가 많다.

'무엇을'은 '어떻게'에 선행한다

제국주의의 역사에 관한 책을 내기 위해 오케이 교정지를 보던 어느 출판사 사장이 맥락도 없이 생뚱맞게 튀어나온 "그리하여 태양은 지고 임금은 올랐다"라는 문장을 발견하고는 아무래도 이상해서 번역자가 보내온 초고를 찾아보았다. 초고에는 분명히 "그리하여 태양이 지지 않는 나라에서는 임금이 오르지 않았다"라고 되어 있었다. 어쩌다가 이런 황당한 사태가 일어난 것일까. 도저히 이해가 안 간다며 기막혀하는 그분에게 나는 일면식도 없는 담당 편집자가 이 문장을 다룰 때 어떤 일이 일어났을지를 재구성해서 보여주었다.

아마 그는 '태양이 지지 않는 나라'라는 상투적인 표현의 의미를 정확히 몰랐을 것이다. (혹은 알고는 있었지만 그 순간에 얼른 떠오르지 않았는지도 모른다.) 그러니 당연히 이 문장의 의미도 온전히 이해할 수 없었을 것이다. 그는 도대체 이게 무슨 뜻인지 고민했을 것이다. 편집자가 원고를 대할 때 언제나 염두에 두어야 할 대원칙을 상기했을 것이다. "전문학술서도 아니고 대중교양서에서 편집자도 이해하기 어려운 문장을 독자가 어떻게 이해할 수 있을 것인가." 좀더 쉬운 문장으로 그 의미를 표현해보려고 작심했을 것이다. 그리고 강의를 들었건 책을 읽었건 '올바른 한국어 문장 쓰기'류의 '교정교열 능력'을 연습하는 과정에서 배우고 때로 익혔던 내용들을 하나하나 되짚었을 것이다. 그리고 '이중부정은 긍정문으로 간결하게 다듬으라'는 식의 지침을 떠올린 순간 "바로 이거야" 하는 한 줄기 빛을 보았을 것이다. 그리고 과감하게 빨간 펜을 들어 사실상 아무 의미도 없는 문장으로 만들어놓고 어쩌면 (『우리글 바로쓰기』에 자주 사용된 이오덕 선생님의 말투를 흉내내자면) "얼마나 시원스럽게 읽히는가"라며 혼자 감탄을 했을지도 모른다. 생각해보면 참으로 딱한 일이다!

다른 예는 얼마든지 있다. 20년쯤 전 '국어운동학생회'의 일원으로 활동할 때, 어느 방송사에서 '한글날 특집'으로 마련한 이른바 '남북한 언어 이질화'에 관한 대화에 참석한 적이 있다. 북한의 해외 유학생

신분에서 남한으로 '망명'을 해온 인물이 함께 출연하여 '남북한 젊은이들이 머리를 맞대고 민족언어의 미래를 모색해보자는' 취지로 마련된 자리였다. 그 친구는 "남한에 와서 북한과 말이 달라서 불편했던 경험"을 묻는 진행자의 질문에 "동네마다 붙어 있는 '부동산'이라는 말이 무슨 뜻인지 몰라서 많이 당황했다"는 대답을 해서 나를 포함한 '남한 젊은이'들을 적잖이 당황케 했다. 우리는 10여 분의 짧은 방송 녹화가 끝나고 난 뒤 "도대체 그게 어떻게 말이 다르다는 사례로 제시될 수 있는지"를 어이없어하는 것으로 뒤풀이의 안주를 삼았다. 아무리 생각해도 그건 '말'의 문제가 아니었다. 설령 말의 문제라 하더라도 '사유재산'이라는 것을 인정하지 않는 사회에서 살았던 사람이 '재산'이라는 개념을 이해하는 과정도 없이 어떻게 '부동산'이라는 말을 익힐 수 있을까.

우리말에 '실제'라는 말이 있다. 적어도 일상적인 언술의 맥락에서 '실재'라고 적힌 글이 있다면 이 말은 십중팔구 '실제'의 오자일 것이다. 하지만 '실재'라는 말이 없는 것은 아니다. 일상적 언술의 맥락에서 좀체로 사용되는 일이 없기는 하지만, 철학적인 사유를 전개하는 데 매우 중요한 개념어 중의 하나이다. 그런데 몇 해 전 이름 대면 알 만한 굴지의 출판사에서 '실재'라고 써야 할 것을 모조리 '실제'라고 표기해 책을 낸 적이 있었다. 내가 책임질 일이 전혀 아닌데도 동업자로서의 부끄러움에 얼굴이 화끈 달아올랐다.

하지만 이것이 과연 담당 편집자가 '기본적인 맞춤법'을 숙지하지 못해서 생긴 문제인가. '국어 공부 열심히 하라'고 정서법 관련 책을 부지런히 탐독하고, 서울북인스티튜트의 '교정교열 과정' 같은 '올바른 한국어 문장 쓰기'류의 강의를 열심히 챙겨들으면 조금이라도 개선될 수 있는 문제인가. 어느 편집자가 익살스럽게 "그건 국어 실력이 아니라 철학 실력의 문제"라고 말하기도 했지만, '요즘 편집자'들의 '형편없는 교정교열 능력' 때문에 속앓이를 하시는 어떤 사장님도 그리고 무엇보다도 '교정교열'만큼은 자신있게 하고 싶다는 어떤 편집자도, 이런 실수를 하지 않기 위해 '철학 공부'를 해야 한다고는 생각하지 않는다. (가령 서울북인스티튜트나 한겨레교육문화센터 같은 곳에서 '교정교열 과정'의 커리큘럼을 주로 철학이나 역사와 같은 기초교양을 다지는 내용으로 구성한다면 쉽게 수긍하겠는가.)

이것은 비단 편집자들의 두통거리인 언어기호에만 적용되는 특수한 사정이 아니다. 시각기호도 마찬가지다. 기호를 다룬다는 것은 언제나 '무엇을 어떻게 표현하는가'의 문제이다. '무엇을'에 대한 고민이 없이 '어떻게'가 명료하게 해명될 수는 없다. 현장에서 흔히 편집자와 디자이너가 갈등을 빚곤 하는 것은, 겉으로는 '어떻게 표현할 것인가'를 놓고 디자이너와 편집자가 권한 다툼을 하는 것처럼 보일 때조차도 어떤 이유에서든(편집자의 역량이 모자라서든, 디자이너의 역량이 모자라서든, 또는 양자가 나름대로 충분한 역량을 가지고는 있으나 견해 차이를 해소하지 못해서든) '무엇을 표현할 것인가'에 대해 일치된 견해에 도달하는 데 실패하기 때문인 경우가 많다. 텍스트의 의미를 책의 존재로 인해 매개될 사회적 콘텍스트 속에서 명료하게 이해하지 못하는 한, '가공'은 없다. 흔히 오해하는 것과는 달리 편집자의 언어기호 가공능력이 기대에 미치지 못하는 것은 일반적인 의미에서의 국어 실력이 모자라서가 아니다. (디자이너의 시각기호 가공능력이 기대에 미치지 못하는 것 역시 마찬가지로, 미적 훈련이 모자라서가 아니다) 문제의 핵심은 '어떻게'가 아니라 '무엇을'에 있다.

나는 편집자를 '별걸 다 알아야 하는 사람'이라고 정의하곤 한다. 어떤 내용이든 담길 수 있는 게 책이고, 무슨 내용이 담기든 일단 그 내용을 정확히 이해해야 하는 것이 편집자의 일이기 때문이다. 그러나 편집자가 책에 담길 수 있는 모든 내용을 속속들이 알고 있어야 한다는 불가능한 요구를 하는 것은 결코 아니다. 가령 앞서 말했듯, 편집자(나아가 디자이너)들의 가공능력 향상을 위해 철학이나 역사 또는 자연과학과 같은 기초 교양을 강의할 수 있다면, 그 내용은 고등학교 교과서의 범위를 크게 벗어나지 않을 것이며 기껏해야 대학에 교양으로 개설된 개론 수준 이상은 아닐 것이다. 혹 해당 분야의 전문학술서를 편집해야 하는 편집자라면 그 이상의 전문지식이 필요할 수도 있겠지만, 대중교양서라면 그 정도만으로도 충분하다.

더 많은, 더 폭넓은, 더 다양한 지식과 정보(그것은 다른 사람의 '경험'이기도 하다)를 흡수해야 할 시기(인생에서 청소년기가 그런 흡수력이 가장 왕성한 시기라는 데 혹시 이견 있으신 분?)에 '점수 따는 기계' 노릇으로 희생되느라 무슨 일을 하든 유용하게 써먹을 수 있었을 내용들을 순전히 '수능만 끝나면 깡그리 잊어먹어도 좋을' 지겨운 암기 목록 이상으로 생각하기 어렵게 몰아간 이 땅의 교육현실 탓에 멀쩡한 '대졸자'들을 놓고 '고등학교 제대로 나왔는지'를 의심하며 그 내용을 되풀이 음미할 기회를 마련해야 하는 것이 어처구니없기는 하지만, 제대로 된 '가공능력'을 원한다면 대충 '고등학교는 마쳤다 치고' 넘어갈 문제가 결코 아니다.

가공은 전략이다

원고 교열과 관련된 강의를 할 때마다 마주치는 당혹스러운 상황이 있다. 요컨대 내 강의의 내용이 너무 '고급'이라는 것이다. "걷지도 못하는 아이에게 달리기를 가르치려 한다"거나 "5년차 이상의 경력자에게나 필요한 내용이지 기본도 안 되어 있는 생초보들에게는 오히려 혼란만 주게 된다"는 항변이다. 교육도 일종의 '서비스업'이니만큼 소비자들의 상품평에는 일단 겸손하게 귀를 기울일 수밖에 없지만, 또 왜 이런 항변이 나오는지 이해하지 못하는 바도 아니지만, 그대로 수긍하기에는 석연치 않은 대목이 적지 않다.

　외국어도 아닌 모국어로 한국어를 20년 넘게 사용해온 사람들에게 가령 1～2년차 편집자를 대상으로 한 '초급 한국어'와 5～7년차 편집자를 대상으로 한 '고급 한국어'가 따로 있으리라는 발상이 과연 제정신으로 가능한 생각일까. 설령 실무적으로 그것이 '슬프기는 해도 부인할 수는 없는 현실'일 수밖에 없다고 해도, 나는 그렇다면 '고급 한국어'를 구사할 능력이 없는 사람에게 '빨간 펜'을 쥐어줘서는 안 된다고 믿는 편이다. 이른바 초보 편집자들에게 필수적으로 요구된다는

'초급 한국어' 수준으로 만들 수 있는 책은 단 한 권도 없다. 다시 말해 한국어 구사 능력에 걸음마 수준과 달리기 수준이 따로 있다는 일반적 편견을 사실로 승인한다 해도, 간신히 걸음마를 뗀(따라서 아직 달리기를 기대할 수 없는) 사람에게 원고 교열을 맡긴다는 것은 저자에 대한 모욕이고 독자에 대한 무책임이다.

나아가 "말 배우기는 흉내내기"라는 대전제를 적극적으로 음미하자면, 적어도 유아기의 옹알이 단계를 벗어난 사람(아동이든 성인이든)의 모국어 구사 능력이란, 걸음마와 달리기의 비유로 설명될 수 있는 것이 아니다. 그럼에도 굳이 걸음마와 달리기라는 비유를 써야 한다면, 달리기를 가르치지 않고는 결코 걸음마조차도 제대로 익힐 수 없다는 '상식적으로는 받아들이기 어려운' 답을 제시할 수밖에 없다.

'기본도 안 된 편집자'?

구체적으로 현장 편집자들이 흔히 이야기하는 '기초적인 수준'의 한국어 구사 능력의 내용이 무엇인지를 살펴보자. 우선 "기초적인 맞춤법도 모르면서 무슨…"류의 타박들이 있다. 이분들이 착각하는 것이 있다. 최소한 규범으로 정해놓은 그야말로 '기초적인 맞춤법'이란 모두 57개 항목으로 구성된 현행 한글 맞춤법 규정을 가리키는 것이 틀림없겠지만, 대단히 죄송하게도 중학교만 제대로 나와도 이 규정에서 벗어날 일이란 거의 없다. 그 증거를 제시하기는 어렵지 않다. 앞서도 말했듯 북에디터 사이트 등에 올라오는 이른바 "맞춤법 관련" 질문 중에서 그야말로 '맞춤법'과 관련된 질문은 거의 없다. 다시 말해 대부분의 사람들이 통념적으로 생각하는 '기초적인 맞춤법'이란 말뜻 그대로 '기초적인 맞춤법'과는 아무 상관이 없는 내용들이며, 심지어 사람마다 '기초적'이라고 생각하는 내용이 다르기도 하다.

예를 들어보자. 나는 얼마 전, 10년 이상 출판 유통과 관련된 글을 쓰고 또 다듬어온 분이 쓴 글의 초고를 보다가 '어음 결제'라고 써야 하는 것을 죄다 '어음 결재'라고 쓴 것을 보고 혀를 찬 일이 있다. 하지만 나는 그렇다고 해서 현장에서 흔히 그러하듯이 "기본도 안 돼 있는 사람이 무슨 글을 쓴다고…" 식으로 생각하지도 않았으며, 그 분의 자격이나 능력을 의심하지도 않았다. 설령 내가 '결재'와 '결제'를 구별하는 정도는 '기본 중의 기본'이라고 생각한다 하더라도, 엄밀하게 말해 그것은 순전히 나 자신에게만 적용되는 분별일 뿐이지 다른 사람에게까지 "그 정도는 기본"이라고 강요할 수 있는 성질의 문제가 전혀 아니다.

혹시 아니라고 생각하시는 분께는 이런 예를 들어드리고 싶다. 어느 식당에 들어갔더니 "물은 셀프, 요금은 선불"이라는 안내문을 눈에 띄는 곳곳에 붙여놓고 있었다. 이때 '요금'은 어휘의 명백한 오용이다. ('요금'은 우리말로는 '삯'에 해당하고, '값'에 해당하는 말은 굳이 찾자면 '대금'이다. 자기 도시락을 싸와서 장소만 이용하는 것이 아니라면 선불로든 후불로든 식당에서 '요금'을 받을 일이란 없다.) 하지만 이 정도의 분별을 '기본'이라고 생각하는 분은 거의 없을 성싶다. 나아가 주위에서 흔히 들을 수 있는 말로 "새로 생긴 상가 건물 일부를 임대해서 새로 가게를 냈어요"라는 얼핏 보기에 어색한 구석이 없어 보이는 표현에조차도 어휘의 심각한 오용이 있다. ('임대'는 우리말로 '빌려주는' 것이고, '빌려쓰는' 입장에서는 '임차'라고 해야 옳다.) 누군가가 이 표현을 지적하며 "기본도 안 돼 있다"고 타박한다면, 쉽게 수긍하실 수 있겠는가. 이왕이면 정확한 표현을 구사해야 한다는 대원칙에 얼마든지 동의할 수 있는 분이라도, '요금'과 '대금'의 분별이나 심지어 '임대'와 '임차'의 분별은 상당히 '고급한' 수준이라고 생각하기 쉬울 것이다. 그렇다면 도대체 '결제'와 '결재'의 분별이 이와 달리 취급되어야 할 근거가 어디에 있는가. 이른바 '기본'은 도대체 누가 어떤 근거로 정한 것인가.

　나는 '기본'이 없다고 말하려는 것이 아니다. 누구에게나 자기가 생각하는 '기본'은 있다. 가령 내게는 '요금'/'대금'이나 '임대'/'임차'도 '결제'/'결재'와 전혀 다름없는 '기본 중의 기본'이다. 하지만 다른 사람은 얼마든지 그리 생각하지 않을 수도 있다. 나는 다만 모든 사람에게, 또는 적어도 글을 다루는 모든 편집자에게 통용될 수 있는 '기본'이란 없다고 말하는 것뿐이다. 가령 과학책을 만드는 편집자라면 일반인들에게는 다 그게 그거 같은 과학적 개념이나 용어들의 분별이 '기본'일 것이다. 하지만 여행에세이를 만드는 편집자에게도 그게 '기본'일까. 더 냉정하게 말하면, 대다수의 경력 편집자가 '기본'이라고 믿고 있는 내용의 대부분은 어떤 현실적 근거에서 스스로 유추한 것이라기보다는, 단지 그저 자기가 선배들에게 '기본'이라고 배웠던(실은 "그것도 모른다"며 구박받고 심지어 모욕당했던) 내용들의 되풀이인 경우가 많다. 만일 내가 어떤 후배 편집자에게 '임대'와 '임차'를 분별하는 것은 '기본 중의 기본'이라고 타박하는 고약한 선배였다면, 그 후배 또한 자기 후배에게 "그 정도는 기본"이라고 대물림하며 고약을 떨고 있을지도 모른다. 아마 틀림없이 그럴 것이다.

내 경험상, '기본도 안 돼 있는 편집자'의 대부분은 이렇게 만들어진다. 정말로 '기본이 안 돼 있어서'라기보다(물론 그런 편집자들도 수두룩하지만, 그건 또 다른 차원의 문제다) 결코 '기본'이라고 못박을 수 없는 내용을 '기본'이라고 한사코 우기고 싶어하는 선배 편집자들의 '권력 작용'이 만들어낸 허구에 불과하다는 것이다. 내가 보기에 정작 기본도 안 돼 있는 건 그 '선배'들이다. 원고 교열의 기본이 무엇인지를 모르니 엉뚱한 것을 기본이라고 착각하고 있는 것 아닌가 말이다. 그야말로 '똥 묻은 개가 겨 묻은 개 나무라는' 꼴이다.

'제대로 읽기', 그것이 기본이다

현장에서 일할 때 어느 후배 편집자가 '한번'의 띄어쓰기에 관한 질문을 한 적이 있다. 상식적인 수준의 답변은 누구나 쉽게 할 수 있을 것이다. '한'에 '1'이라는 뜻이 살아 있을 때, 즉 '1회'의 의미일 때는 띄어 쓰고, '1'이라는 뜻이 없거나 희미해져서 '한번' 자체가 '일단'이라는 뜻일 때는 붙여 써야 의미 파악이 명료해진다. 그래서 이렇게 설명했더니, 그 후배가 갸우뚱하면서 "그건 아는데요…"라며 말끝을 흐린다. "그건 아는데, 그럼 도대체 뭘 물어보는 건데?"

나는 그때서야 알았다. 대부분의 '기본도 안 돼 있는('한 번'과 '한번'도 제대로 구별하지 못하는) 편집자'들은 그야말로 한국어에 대한 '기초적인 지식('한 번'과 '한번'이 어떻게 다른지)'조차 없는 이들이 결코 아니다. (이러니 '띄어쓰기 사전'을 씹어먹어가며 외워도 실무에서는 아무 쓸모가 없는 것일 게다. 결국 띄어쓰기 사전이 가르쳐줄 수 있는 것은 위에서 내가 설명한 수준의 '지식'뿐이다) 그는 '한번'의 띄어쓰기에 대한 지식이 없었던 것이 아니라, 구체적인 맥락에서 그 의미를 제대로 읽어내지 못했던 것이다. 그 후배의 말인즉슨, "그런데요. 여기 이 문장에서요. 이게 '한 번'이라는 뜻인지 '한번'이라는 뜻인지, 이렇게 보면 이거 같기도 하고 저렇게 보면 저거 같기도 해서요."

난 그 후배에게 그가 요구하는 '답'을 가르쳐주지 않았다. 어느 쪽이든 내가 "여기서는 이건 이런 의미로 읽는 게 좋겠다"고 답을 내려준다 한들, 그 친구가 다른 텍스트를 다른 맥락에서 읽을 때 또 똑같은 문제에 직면하지 말라는 보장이 없기 때문이다. 그렇다고 '한번'에 부딪힐 때마다 내게 그 처리를 물어보고 또 그때마다 내가 적절한 답을 내려준다는 것은 매번 물어야 하는 그에게나 매번 맥락을 살펴 답을 찾아줘야 하는 내게나 고역이 아닐 수 없을 것이다. 대신 나는 이렇게 답했다. "옛말에 이르시기를, 독서백편의자현讀書百遍義自見이라 했다. 의미가 명료하게 파악될 때까지 백 번이라도 읽어라."

그런데 현실적으로 백 번씩이나 읽을 만한 여유가 없다면 어떻게 해야 하는가. 사실 편집자가 '이렇게 읽을 수도 저렇게 읽을 수도 있다'는 이유로 어느 쪽을 선택해야 할지 고민에 빠질 정도의 문장이라면, '이렇게 읽든 저렇게 읽든' 전체적인 의미 파악의 대세에는 큰 차이가 없을 가능성이 높다. '이래도 그만 저래도 그만'인 문장을 놓고 '좀더 정확한 의미 파악'을 위해 몇 번이고 되풀이 읽는다는 것은 '성실한' 것이 아니라 '미련한' 것이다. 교열은 텍스트와의 싸움이기 이전에 시간과의 싸움이기 때문이다.

어느 쪽으로 읽어도 큰 흐름에서 의미를 파악하는 데 문제가 없다면, 저자가 쓴 그대로 두는 것이 원칙이다. 편집자는 저자가 쓴 대로 놓아두었을 때 의미 파악에(또는 책의 품위에) 심각한 지장이 생겨날 가능성이 매우 높은 경우에 한해서, 명백히 저작물에 속하며 저작자가 '동일성 유지권'을 가지고 있는 원고에 '빨간 펜'을 들고 개입할 수 있을 뿐이라는 대원칙을 상기하자. '절제'의 미덕에 관해서는 뒤에 다시 이야기할 것이다.

가공능력의 기본은, 언어기호에 대한 기초적 지식이 아니라 '제대로 읽기'다. 그런데 언어기호에 대한 기초적 지식은 가르칠 수 있어도(그리고 실은 그것은 중고등학교 과정에서 이미 배울 만큼 배운다. 심지어 고등학교 문법 교과서에는 '기초'뿐이 아니라 매우 심화된 '고급' 지식도 포함되어 있다), '제대로 읽기'를 체계적으로 가르칠 방법은 없다. 그저 꾸준히 읽는 수밖에 달리 무슨 왕도가 있고 노하우가 따로 있겠는가.

잠시 옆길로 새자면, 편집자의 가공능력에 '기본'이 있을 수 있다면 그것을 확인하는 방법으로, 어문 규범이나 문법에 대한 지식을 객관적으로 측정하는 시험을 통해서보다는, 20매 내외의 완결성 있는 텍스트를 주고 이것을 예닐곱 개의 문단으로 나눠보게 하거나 일단 5매 내외로, 다음엔 200자로, 마지막엔 단 한 문장으로 요약해보게 하는 것이 훨씬 더 적절할 것이라 나는 믿는다. (그 답안의 적실성을 제대로 평가하고 채점할 만한 '실력 있는 편집자'가 과연 얼마나 될지가 문제이긴 하다. 자기가 선배로부터 배웠던 대로 해내지 못한다고 '기본'이 있네 없네 타박하는 수준의 '선배' 편집자들인들 과연 텍스트를 제대로 읽고 있기는 한가?)

가령 나는 서울출판예비학교 입학시험에 "다음 문장에서 밑줄 친 어구를 한 군데만 떼어 써야 한다면, 문맥상 가장 적절한 곳을 찾으라"는 문제를 낸 적이 있다. 제시문을 예시하자면, "언론이 정상적인 권력비판기능을 수행할 수 있어야 한다" "서민임대주택의 건설을 확대해야 한다" 등등이다. 이것은 한국어에 대한 (기초든 고급이든) 지식을 묻는 문제가 결코 아니다. 나는 이 문제를 내면서 조금은 걱정했다. 문제 유형은 제대로 개발한 것 같은데, 적절한 제시문을 찾기에 시간이 촉박하여 너무 쉬운 문제를 낸 것이 아닌가 싶었기 때문이다. 웬만하면 틀리기 어려울 것 같았다. 그런데 웬걸? 채점을 해보니 정말로 '기본도 안 되는' 이들이 내 생각보다 훨씬 많았다. 하지만 정작 흥미로운 대목은 그게 아니다. 변별성을 위해 틀리기 쉽도록 일부러 함정을 파놓은 상당히 까다로운 맞춤법 문제들에서 거의 만점 수준으로 정답을 적어낸 수험자조차도 의미상 더 적절한 띄어쓰기를 찾으라는 문제에서는 속수무책으로 오답을 내더라는 것이다. 만일 내가 출판사의 사장이나 편집장이라면, '편찮으셔서'를 '편찮으셔서서'라고 잘못 적은 것이나 '익숙지 못하다'를 '익숙치 못하다'라고 잘못 적은 것을 발견해내지 못했다고 해서 '기본이 안 돼 있다'고 타박하지는 않을 것 같다. 하지만 '서민임대 주택'(이런 말이 가능하기나 할까)과 '서민 임대주택'의 의미 차이를 알아채지 못한다면 편집자로서는 빵점이라고 판단하지 싶다.

언젠가 김철호 선생이 띄어쓰기의 중요성을 설명하면서 예를 들었던 '터널안굽은길'을 예로 들어도 마찬가지다. '터널안'은 아무리 합성어의 범위를 넓게 잡아도 일반적으로 합성어로 인정하기 상당히 곤란한 말이다. (내가 사용하는 워드프로세서에서도 빨간 줄이 그어진다.) 따라서 '규범대로'만 하자면, '터널 안 굽은 길'이라고 띄어쓰기를 해야 옳다. 그러나 띄어쓰기를 이렇게 해놓으면 띄어쓰기를 하지 않은 '터널안굽은길'과 전혀 다르지 않은 중의적인 문장이 된다. 여기까지를 고려해서 '터널안 굽은 길'이라고 표기한 것을 굳이 규범대로 '터널'과 '안'을 띄어놓는 사람이 있다면, 게다가 그것도 모자라 '터널안'이라고 붙여 쓴 것을 '무식하다'고 타박하기까지 하는 사람이 있다면 나는 그 사람이야말로 '기본도 안 돼 있는' 사람이라고 지목할 것이다. 이것은 결코 '기본은 아는데 응용을 못하는' 것이 아니다. 말(이든 또는 시각기호라 해도)에서 기본은 의사소통이고 의미전달이다. 의미 전달이 제대로 안 되고 있는데, 규범에 대한 지식이 도대체 무슨 소용이란 말인가. 글을 맥락 안에서 읽지 않아서 생기는 문제다. 무릇 모든 기호의 의미는 그 사용에 있다.

주인이 될 것인가, 노예가 될 것인가

편집자의 가공에 있어서 모든 텍스트에 두루 적용되는 일반 원리라는 건 애당초 없다. 그런 게 있다고 믿으니 '기본' 타령을 하고 있는 것이겠지만, 때로는 비문非文도 말을 할 때가 있다. 원고의 치명적인 훼손은 언제나 '기본적인 규범도 모르는' 편집자에 의해서가 아니라 텍스트를 맥락 속에서 제대로 읽지도 않는 주제에 '별 대단할 것도 없는 규범에 대한 지식'에 얽매여 있는 편집자에 의해 발생한다. 왜 이런 일이 발생하는가. 텍스트를 장악하지 못하고 텍스트에 치여 있기 때문이다. 텍스트의 주인이 되지 못하고 노예가 되어 있기 때문이다.

가장 기본적인 전제부터 환기하자. 텍스트는 의미를 전달하기 위한 도구일 뿐이다. 앞서 '무엇을'이 '어떻게'에 선행한다고 말했지만, '어떻게'를 위해 선행하는 것은 단지 '무엇을'뿐이 아니다. 그보다 근본적으로 '누구에게' '왜' 전달하는가에 대한 통찰이 텍스트 이해를 지배해야만 편집자는 텍스트의 의미를 장악할 수 있다. 이렇듯 책마다 다를 수밖에 없는 '전략'에 대한 고민이 전혀 없거나 있더라도 피상적이다 보니까, 그 결핍을 메우기 위해 존재하지도 않고 존재할 수도 없는 '일반적 원리'를 허구적으로 상상하고 그것을 '기본'이랍시고 떠받들며 스스로 노예가 되는 것이다. (심지어 그것도 모자라, 후배 편집자들까지 모조리 노예로 만들지 못해 안달이기까지 하다.)

가공작업은 다른 모든 사회적 의사소통이 그러하듯 '전략적 행위'이다. 내게 다시 묻는다면, 만일 원고 교열에 '걸음마'가 있다면, 그 핵심은 '전략적 사고'에 있다고 대답할 것이다. 나는 '전략적 사고'라는 걸음마도 못하는 사람에게 한국어에 대한 이론적 지식이라는 달리기(그건 한국어를 전공하는 연구자들에게나 필요한 것이다!)를 가르치려는 것이 아니라 그 반대로 (1년차든 10년차든) 편집자라면 누구나 갖추고 있어야 할 텍스트를 대하는 가장 기본적인 자세, '전략적 사고'를 통해 걸음마를 가르치고 있을 뿐이다.

완벽주의와 교열 전략의 왜곡

편집자가 아무리 많은 것을 알고 있어도 실무에서 써먹지 못한다면 아무 의미가 없다. 그런 점에서 모든 편집 업무는 결과로 말할 뿐이다. 그 점은 가공에서도 다르지 않다. 아무리 열심히 며칠 밤을 새가며 오자를 이 잡듯 뒤져 아흔아홉 개의 오자를 찾아 수정했다 해도 결과적으로 못 찾아낸 오자 하나가 결과물에 남아 있다면, 그 노력은 모두 도로아미타불이다. 있는 교양 없는 지식 다 동원해가며 조금이라도 의심스러운 내용은 모두 조회해서 확인했다 해도 최종 결과물인 '책'은 편집자의 이런 노고를 기록하지 않는다. 그렇게 열심히 일하고도 못 잡아낸 오류 하나가 책의 전체적인 완성도를 의심하게 하고 편집자의 무능이나 불성실의 증거로 지목된다. 그런 까닭에 편집자는 특히나 가공작업에 있어서 거의 결벽적인 완벽주의에 빠져들기 쉽다.

그러나 그러한 완벽주의는 현실에서 무모한 시도에 지나지 않게 마련이다. 사람은 완벽하기 위해 노력할 뿐, 완벽할 수는 없기 때문이다. 세상에 최선을 다한 책은 있을지 몰라도 완벽한 책은 존재하지 않는다. 완전무결을 향한 편집자의 열망은 신의 영역을 꿈꾸는 '바벨탑'일 뿐이다. 게다가 지나침은 언제나 모자람만 못하다. 완벽주의자가 가장 쉽게 빠지는 함정은 '오십 보'와 '백 보'의 차이를 구별하지 못하게 되는 것이다. 위에서 '후배 편집자'를 향한 '선배 편집자'들의 질타들이 (때로 매우 적절한 지적일 때가 있다는 것을 부인하는 것은 아니지만) 대개 가공작업의 본질과는 무관한 경우가 많다는 이야기를 했는데, '오십 보 백 보'와 관련해서도 나는 그 근거를 제시할 수 있다.

현장에서 그런 종류의 질타들이 가령 (비유가 좀 살벌하긴 하지만) '알밤을 먹여야 할 일'과 '종아리를 때려야 할 일' '몽둥이를 들어야 할 일'을 주밀하게 구별하고 있는 것 같지는 않다. 실수는 경중을 떠나서 일단은 변명의 여지가 없는 실수일 뿐이고, 책에서 발견된 결함은 종류 여하를 불문하고 그저 질책받아야 할 결함일 뿐이다. 이해 못할 바는 아니다. 편집 작업은 긴장의 연속이고, 일에 대한 긴장을 놓치는 순간 사고가 난다. 긴장을 늦추지 않도록 하기 위해 자그마한 실수에조차도 '죽을죄'를 짓기라도 한 양 몰아붙이는 것은 틀림없이 '작업 긴장도'를 높이는 매우 유용한 수련 방법이다.

그러나 그 폐해도 만만치 않다. 사소한 오류도 놓치지 않기 위해 긴장하는 것은 편집자로서 매우 바람직한 태도이지만, 그 못지않게 중요한 것은 '사소한 것'과 '중요한 것'을 구별해내는 안목이다. 더구나 편집자의 가공작업이 본질적으로 '전략적 행위'일 수밖에 없다면, 전자보다 후자가 더 핵심적인 가공능력임은 두말할 나위가 없다. 물론 이러한 언술이 제발 전자, 즉 편집자가 가공 대상이 되는 텍스트에 대해 한시도 긴장을 늦추지 않는 태도의 중요성을 조금이라도 폄훼하는 것으로 해석되지 않았으면 한다. 나는 긴장이 중요하지 않다고 말하는 것이 아니라 그러한 고도의 긴장을 가지고 도대체 '무엇을' 할 것인가를 묻고자 하는 것뿐이다.

게다가 한 치의 실수도 용납하지 않는 완벽주의적인 분위기에서는 '눈에 보이는 작은 실수'와 씨름하느라 '눈에 잘 보이지 않는 큰 착오'를 소홀히 여기기 쉽다. '눈에 보이는 작은 실수'는 사장이든 편집장이든 하다못해 새까만 후배 편집자의 눈에도 언제든 발견될 가능성이 매우 높지만, '눈에 보이지 않는 큰 착오'는 매출 실적이라는 매우 추상적인 수치로 환원되기 일쑤인 '시장 반응'으로밖에는 드러나지 않으며 결코 가공작업의 완성도와 비례하지도 않고 비례할 수도 없는 '시장 반응'을 통해 편집자가 가공작업에서 간과한 착오가 발견될 가능성은 거의 없기 때문이다. 편집자가 '독자에게 좀더 잘 읽히는 책'을 위해 최선을 다하는 대신 '사장이나 편집장에게 욕먹지 않을 책'을 만들려 기를 쓰게 되는 바로 그 지점에서 가공의 전략은 심각하게 왜곡된다. 편집자의 완벽주의는 미덕일지언정 결코 나쁜 것이 아니지만, 무엇을 위한 '완벽'인지를 편집자는 언제나 스스로에게 물어야 한다.

그런데 바로 이 질문, 즉 편집자가 어떤 전략으로 가공에 임했는지 또 그 전략이 어떻게 구체적인 가공작업에 관철되었는지는, 편집자가 자신의 가공작업에서 고민한 내용을 고스란히 따로 기록해두지 않는 한, 그 구체적인 내용을 확인할 방법이 없다. 가령 앞서 예시했던 '까탈스럽다'를 다시 한번 떠올려보자. 아무런 앞뒤 설명 없이 "교열 작업의 완성도에 상당히 까탈스러운 편집자"라는 표현이 들어 있는 글 한 편을 세 명의 편집자에게 교열하도록 했다 치자. 한 사람은 이 표현에서 별다른 문제를 느끼지 못했고, 따라서 그냥 넘어갔다. 다른 한 사람은 '까탈스럽다'라는 단어가 아무래도 걸려서(혹은 워드

프로세서에서 빨간 줄이 그어지는 데 의혹을 품고) 사전을 찾아보니 "'까다롭다'의 잘못"으로 명시되어 있는 것을 보고, 또는 애초에 어문 규범에 대해 대단히 해박한 기초 정보를 가지고 있었기에 굳이 사전을 찾아볼 필요조차 느끼지 않고 너무나 당연하다는 듯이, '까다로운'으로 교정을 가했다. 마지막 사람은 애초에 알고 있었든 사전을 찾아보고 알았든 '까탈스럽다'가 비표준어라는 사실은 알았지만 글을 쓴 사람의 의도, 글을 읽을 사람들의 어휘력 수준(비표준어를 사용했다고 해서 의미 파악에 지장을 받을 가능성이 어느 정도인지), 그 표현이 들어 있는 맥락에서의 호흡 등을 종합적으로 고려하여 교정을 가하지 않고 그대로 두는 쪽을 '선택'했다. 첫 번째 사람과 마지막 사람의 결과는 같다. 하지만 그렇다고 해서 과연 두 사람의 가공능력 수준이 (두 번째 사람과 비교해서 높다고 평가하든 낮다고 평가하든) 같다고 평가할 수 있는가. 내 질문의 요지는 바로 이것이다. 문제의 소지가 있는 표현을 수정하지 않았다고 해서 그 사람의 가공능력을 의심하는 것은 얼마나 어리석은 일인가.

혹 다르게 생각하는 분이 계실지 모르지만, 나더러 셋 중에 가장 뛰어난(혹은 적어도 그럴 가능성을 가진) 사람을 한 사람만 고르라고 한다면 나는 당연히 맨 마지막 사람을 꼽을 것이다. 그러나 유감스럽게도 '문제의 소지가 있는 표현이 수정되지 않은 작업 결과'만을 놓고는 그 사람이 첫 번째 경우인지 세 번째 경우인지 알 수 있는 방법은 없다. 더 불행한 일은 바로 이런 이유로 대다수의 편집자가 자신이 훌륭한 능력을 가지고 있다는 것을 입증하기 위해 '전략적으로' 두 번째 경우를 '작업 표준'으로 선택하게 된다는 것이다. 나는 애초에 그 표현을 사용한 필자로서 이러한 '(교열을 빙자한) 훼손'을 '텍스트에 대한 폭력'으로 여기거니와, 작금의 출판계는 편집자들을 유능한 교열자로 키우는 대신 '분별 없는 폭력배'로 전락시키고 있다.

과유불급過猶不及

몇 년 전 어느 후배가 출판사 채용 면접을 전후해서 내게 도움을 청한 일이 있다. 대여섯 쪽 분량의 짧은 글을 하나 주고 교열을 해오라고 한 모양이다. 위에서 말했듯 도대체 그 작업 결과를 통해 무엇을 평가할 수 있을지는 모르겠지만, 아직도 이런 식으로 사람을 채용하는 출판사는 비일비재하다. 아무려나 그 후배가 나를 찾은 용건은, 아무래도 자신이 없으니 혹 자신이 놓친 대목이 없는지 한번 훑어봐달라는 것이었다. 별문제는 없었다. 우선 텍스트 자체가 '시험용'으로는 별로 적절하지 않은 것 같았다. 편집자라면 당연히 잡아내야 할 치명적인 문제를 거의 담고 있지 않았다. 읽기에 좀 껄끄러운 문장(순전히 내 감각에 비추어 그렇다는 것뿐이다!)이 더러 섞여 있기는 했지만 완전히 윤문을 할 작정이 아닌 다음에야 교열 수준에서 건드릴 만한 문제는 전혀 아니었다. 도대체 뭐가 자신이 없다는 것인지를 물었더니 그 후배의 대꾸가 가관이었다. "손댄 흔적이 너무 없어서요." 요컨대 자신의 '답안지'가 너무 무성의해 보이지 않느냐는 것이다.

나는 지금 한 사람의 지극히 특수한 사례를 가지고 무모하게 일반화하려는 게 아니다. 가슴에 손을 얹고 자신의 경우를 되짚어보라.

교정지에 '빨간 펜'이 지나간 자취가 별로 없으면 공연히 불안해지지 않았는지, 혹시 그래서 '고쳐도 그만 안 고쳐도 그만'인 멀쩡한 문장을 제멋대로 뜯어고치느라 열을 올린 적은 정말 없는지. 언젠가 내가 쓴 글이 그런 난도질을 당한 적이 있었다. 하필 원고 교열에 관한 교재였다. "내가 하지 말라는 짓만 골라서 해놓았구먼" 하며 혀를 찰 수밖에 없었다. 어차피 '고쳐도 그만 안 고쳐도 그만'이니 "왜 고쳤냐"고 핏대 올리면서 싸우기도 민망한 문제였기 때문이다. 다만 빠듯한 작업 일정에 쫓겼을 처지에서 굳이 그런 쓸데없는 짓에 골몰했을 편집자가 안쓰럽게 여겨졌을 따름이다. (내가 쓴 글인데도 도저히 내가 쓴 글로 여겨지지 않을 정도로 낯선 문장들이 이어지는 통에 상당히 당혹스러웠고 화가 나기까지도 했다는 부수적인 사실은 꼭 언급해둬야겠다.)

조금 다른 얘기지만, 조판 가공을 예로 들어보자. "도대체 이렇게 만들어놓고 광고 효과를 기대하는 걸까" 싶을 정도로 조악하기 이를 데 없는 '찌라시'들을 주변에서 흔히 볼 수 있다. 그런 '촌스러운' 결과를 위해서도 누군가는 '돈 받고' 일했을 것이다. 설마 남의 돈 받고 일하면서 아무렇게나 되는 대로 선을 긋고 색을 입히지는 않았을 것이다. 발주자가 조금이라도 불만을 표시한다면 두말 없이 재작업을 해야 할 테니 말이다. 그렇게 나름대로 '성의 있게' 작업한 결과물이 왜 그다지도 '촌스럽게' 보이는 걸까. 그리고 그렇게 누가 봐도 촌스럽고 조악한데도 왜 발주자들은 클레임을 제기하지 않고 버젓이 제작을 해서 동네방네 뿌리고 다니는 것일까.

지면 디자인은 여러 가지 복합적인 요소들의 조합으로 이루어지게 마련인지라, '촌스러운' 디자인과 '세련된' 디자인의 차이를 한마디로 잘라 이야기하기는 어렵다. 하지만 한 가지 분명한 것은 있다. '과잉'은 반드시 '촌스러움'을 낳는다는 것이다. 그냥 봐도 조악해 뵈는 '찌라시'들을 주워다가 다음 네 가지만 확인해보라. 서체는 몇 가지나 동원되었는지, 글자 크기가 다른 글줄이 몇 종류나 되는지, 선이나 면 또는 글자를 통틀어 몇 가지 색이 사용되었는지, 글줄과 이미지를 배치하기 위한 가상의 편집선이 가로 세로로 각각 몇 개나 되는지.

비슷한 예로 이런 상황을 가정해볼 수도 있다. 본문에 명조체 계열을 쓸 경우 내용 중에 강조해서 눈에 띄게 하고 싶은 부분이 있다면 대개 고딕체 계열로 변화를 준다. 하지만 따지고 보면 중요하지 않은 내용이 어디 있겠는가. 정말로 별로 중요하지도 않은 내용이라면 지면 낭비할 것 없이 과감하게 빼버렸을 테지. 이런 강조의 욕심이 지나치면 지면을 고딕체로 도배해버리지 말라는 법도 없다. 그러면 결과적으로 눈만 아프지 정작 어떤 내용이 더 중요한지 알 수 없게 돼버린다. 지면이라는 유한한 공간에서 의미 전달 효과를 극대화할 때 가장 필요한 덕목은 '절제'이다. 이것은 언어기호를 가공할 때도 마찬가지다.

더구나 텍스트를 지면 위에 배치하는 시각기호 가공작업은 무(아직 형태가 없는 상태)에서 유를 만들어내는(형태를 확정하여 부여하는) 일이지만, 언어기호의 형식을 다듬어내는 가공작업은 이미 주어져 있는 형태를 다른 (더 나은) 형태로 수정하는 일이다. 따라서 시각기호 가공은 편집자(디자이너)의 고유한 창조적 영역이지만, 언어기호 가공은 (현실적으로 편집자의 일손을 필요로 할 때조차도) 본질적으로 또는 궁극적으로 저자의 영역일 수밖에 없다. 그 엄연한 사실을 망각할 때 교열은 훼손이 된다. 디자인에 절제가 필요한 이상으로 교열에 절제가 요구될 수밖에 없는 까닭이다.

편집자의 절제란, 비단 '고칠 것인가 말 것인가'의 문제에만 국한되는 미덕이 아니다. 편집자의 개입이 불가피한 오문誤文을 '도대체 어떻게 고칠 것인가'를 선택할 때도 '원문의 훼손을 최소화한다'는 절제의 미덕은 반드시 필요하다.

10년쯤 전 현장에서 일할 때, 어느 원고에서 이런 문장을 발견했다. "박 정권은 10월 27일 대통령 종신제를 기조로 하는 헌법 개정안을 발표하였다." 그냥 넘어가기엔 찜찜했다. 아무리 체육관에서 형식적인 선거를 한다고는 해도, '6년 임기'가 명시된 헌법을 '종신제'라고 못박아 말하는 건 얼마든지 '폭언'의 혐의를 받을 수 있는 문제다. 더구나 이 문장은 단순한 '사실 기술'의 성격을 가지고 있기에 이런 사소한 수사修辭적 표현조차도 독자에게 오해를 불러일으킬 소지가 있으리라고 판단했다. 문제는 그 다음이다. 그러니 어쩔 것인가. '종신제'를 그저 '(통일주체 국민회의에 의한) 간선제'로 사실관계를 바로잡아놓자니 그건 전체적인 맥락에서 더 이상한 표현이었다. 유신헌법의 가장 핵심적인 의미를 하필 '간선제'라고 정리하는 꼴 아닌가.

나는 이렇게 사고를 전개했다. "과연 이 저자가 이런 단순한 사실관계를 몰라서 또는 착각해서 이렇게 썼을까." 당연히 아니었을 것이다. 수사적 과장이었을 뿐, 저자는 일부러 그 표현을 골라서 쓴 것이다. 그래서 나는 단 네 글자를 덧붙임으로써 문장의 성격을 (단순한 사실 기술에서 저자의 평가를 담은 문장으로) 바꿔버렸다. 저자의 의도를 가장 충실하게 반영한 '종신제'라는 표현을 살려두고 싶었기 때문이다. "박 정권은 10월 27일, 사실상의 대통령 종신제를 기조로 하는 헌법 개정안을 발표하였다."

편집자로 하여금 절제할 수 있게 하는, 완벽주의와 절제 사이에서 균형을 유지하게 하는 힘은, 다른 데 있지 않다. 저자에 대한, 자신이 가공하는 텍스트에 대한 '토씨 하나 함부로 건드릴 수 없다'는 존중 어린 애정이다.

순수한 가공능력이란 없다!

편집자의 가공능력에 관해 내가 말하고자 했던 바는 단 한 마디로 정리할 수 있다. 편집자의 가공작업이란 전략적 행위이다. 편집자가 저자의 원고에 가공자로서 수정을 가해야 할지 그대로 두어야 할지를 결정하게 하는 기준은 그 어떤 '일반 원리'로도 환원되지 않는다. 가령 여전히 많은 출판인들이 포기하지 못하는 '일반적인 어문 규범에 대한 강박'은 사실상 아무런 근거가 없는 맹목일 따름이다. 가공작업의 준거는 오로지 그 책이 누구에게 어떤 목적으로 전달되(어야 하)는가에 관한 편집자의 전략적 판단에 있다.

따라서 편집자의 가공능력은 거의 전적으로 편집자의 판단능력에 기초한다. 앞서 다루었던 '판단능력 비판'의 모든 내용이 바로 가공능력을 확보하는 데 필요한 핵심 조건들이다. 판단능력이 결여된 편집자는 가공과정에서 텍스트를 장악하지 못한다. 냉정하게 말하자면 이런 사람들은 설령 경력이 몇십 년이라 해도 작업 현장에서 퇴출되어야 마땅하다. 이 말이 지나치게 가혹하다면 두 가지 예를 들어드리겠다.

'주산왕'과 '기관원'

그 하나는 한때의 '주산왕'들이다. 내 또래들은 분명히 기억하고 있을 어린 시절의 추억이 있는데, 학교마다 '주산왕'들이 있었다. 당시에는 주판만 잘 놓으면 취직 걱정은 할 필요도 없었다. 그것은 어느 기업에서나 필요로 하는(코딱지만한 구멍가게에도 경리 직원은 반드시 필요하니까) 대단히 인기 있는 '실무 처리 능력'이었으며, 심지어 가장 안정적인 직장 중 하나로 손꼽히던 금융기관에 '특채'될 수도 있는 엄청난 기능이었다. 그러나 탁상용 전자계산기가 급속도로 보급되던 1980년 무렵을 전후해서 왕년의 '주산왕'들은 그 자체만으로는 아무짝에도 쓸 데 없는 노동력이 되어버렸다. 그것은 은행 창구에서 몇십 년을 일했던 베테랑들이라고 해서 예외가 아니었다. 물론 많은 현장 인력들이 단순한 주산 기능만으로는 환원되지 않는 여러 가지 현장 창구 업무들에도 서투르지 않았기에 퇴출은 면했겠지만, 만일 순전히 주판 셈만 귀신같을 뿐 다른 업무 처리에 대책이 없었다면 더 이상 그 자리에서 일을 하지는 못했을 것이다. 그러나 그것을 가혹하다고 여길 사람은 별로 없을 것이다.

더 심한 예도 있다. 마치 이른바 '교정교열 능력'이라는 게 따로 있기라도 한 양, 한국어에 대한 그다지 전문적이랄 것도 없는 매우 자의적인 기준의 파편적인 지식을 '권력화'하려는 이들을 마주칠 때마다 나는 매우 냉소적인 말투로 '기관원'에 비유하곤 한다. 한마디로 '간첩 잡으라고 월급을 받았던 사람들'이다. 비록 본업보다 엉뚱한 일에 더 신경을 쓰는 통에 여러 사람 괴롭힌 일이 많기는 했지만, 어쨌거나 간첩이 실제로 있던 시대에 아주 쓸모가 없는 사람들은 아니었을 것이다. 하지만 간첩이 내려오는 일이 좀체로 없는 시대가 되자 어떻게 되었는가. 그들은 '본업보다 더 신경을 쓰던 엉뚱한 일'의 경험을 살려 '없는 간첩'을 만들기 시작했다. 왜? 문제는 '밥그릇'이다. 간첩이 없으면 간첩 잡는 사람도 필요없어질 테니까.

책이라는 것이 존재한 이래, 어느 시기에고 편집자에게 일반적인 한국어 구사 능력이 중요하지 않았던 적은 없다. 하지만 내 기억을 더듬어봐도, 1980년대 후반까지만 해도 그것은 순전히 출판편집자가 지니고 있어야 할 일반적인 교양의 한 측면이었을 따름이지, 특별히 '어문 규범에 대한 해박한 지식'이 편집자의 필수불가결한 자격요건처럼 여겨지지는 않았던 것 같다. 다시 말해 지금처럼 강박적이지는 않았었다. 가령 출판편집자 중에 국문과 출신이 많기는 했어도, 그들은 대개 '문학도'들이었지 '언어학'에 더 비중을 두고 공부한 이들은 예나 이제나 드물다. 그런데 언제부터인가 출판계 안팎의 분위기가 달라지기 시작했다. 그 시기는 우연찮게도 출판 공정에서 교정(校正, proofreading) 작업이 사라지고 대신 교정(校訂=교열, revision) 작업의 필요가 본격적으로 대두되었던 시기와 거의 일치한다.

저자의 원고에 어떤 방식으로든 가공적 개입을 할 필요가 생겨났지만, 그 작업은 철저하게 전략적 판단에 기초한다. 그런데 그 이전까지의 단순하고 기능적인 작업에 길들여진 채 적어도 작업과정을 통해서는 전략적 판단에 대한 훈련을 거의 해본 적이 없는 사람들이 당장의 '퇴출' 위협 앞에서 취할 수 있는 집단무의식적 선택은 단 한 가지뿐이었을 것이다. 바로 '없는 간첩 만들기'! 그것이 지난 10여 년 동안 출판 공정에서 원고 교열이라는 작업 영역을 맹목적인 강박에 매몰시키며 퇴행적으로 이끌어온 가장 큰 요인이다. 혹시 다른 생각 있으신 분은 얼마든지 반론해주시기 바란다. 겸손하게 귀기울이겠다.

문제 파악 능력은 판단능력으로 환원된다

물론 많은 분들이 지적하는 바와 같이, 출판편집자에게 요구되는 '최소한'의 기본적인 한국어 구사 능력이라는 것이 한국어 문법에 대한 무슨 대단한 이론적 전문지식은 아닐 것이다. 그런데 그 '최소한'이 해결되지 않으니 답답한 것이다. 다시 말해 내가 펼쳐왔던 논지 그대로, 편집자의 개입이 불가피한 세 가지 경우—독자의 의미 파악에 심각하게 지장을 주거나 책을 읽는 흐름을 심하게 방해하거나 적어도 책의 품위를 심하게 손상시킬 수 있을 때조차도 그것을 발견해내지 못한다는 것이다. 왜 그럴까? 편집자가 한국어에 대한 기초적인 지식이 모자라서? 나는 아니라고 본다. 말 그대로의 의미에서 '언어기호를 다루는 능력'이 모자란 경우라면 '문제 파악 능력'(텍스트 장악)에서 문제가 생기기보다는 아마도 '문제 해결 능력'에서 문제가 생길 것이다. 즉 '뭔가 이상해서 고치긴 고쳐야 할 것 같은데, 어떻게 고쳐야 할지 대안을 찾기가 수월치 않다'는 식일 것이다.

하지만 내 경험상 그런 경우는 거의 없다. 아예 윤문에까지 나아가야 하는 경우가 아니라면 '원고 교열'의 차원에서는, 대개 일단 문제의 소지를 발견했다면(스스로 찾았든 누군가 지적해서 알려주었든) 적절한 대안을 찾아내지 못하는 경우는 거의 보지 못했다. 사람에 따라 좀 더 세련되거나 엉성하거나 하는 차이는 있을지 몰라도 어떻든 나름대로 문제의 소지를 조금이라도 줄이는 데는 어느 정도 성공한다. 물론 예외도 있다. 그건 둘 중의 하나다. 애당초 '문제 파악' 자체가 정확하지 못하고 막연히 '뭐라고 꼭 꼬집어낼 수는 없지만 아무튼 어딘가 이상하다'는 정도에서 섣부르게 해결해보겠다고 나댈 때이거나 아니면 썩 훌륭하지는 못하더라도 나름대로 대안을 찾아놓고도 스스로에게 자신감이 없는 나머지 그것이 그 누구도 부인하기 어려운 최선의 대안이라는 것을 쉽사리 받아들이지 못하기 때문이다.

문제가 어디에 있는지를 정확히 알기만 한다면, 20년 넘게 사회생활을 하는 데 큰 지장을 주지 않았던 모국어를 활용하여 좀더 의미 전달이 명료하게, 좀더 흐름이 매끄럽게, 좀더 보편적 규범에 일치하게 다듬어내는 게 뭐 그리 어려운 일이겠는가. 즉 대부분의 가공 미숙은 문제를 발견해내지 못하는 데서 생겨난다. 그리고 그건 순전히 안 읽기 때문이다. 글자를 읽을지는 몰라도 자기 머리로 생각하지 않아서이다.

예를 들어보자. 나는 몇 해 전 어느 추리소설을 읽다가 눈살을 찌푸린 일이 있다. 어떤 사건에 대해 서술을 하고 다음 날 상황에 대한 서술로 넘어갔는데, 앞서 바로 전 날 발생했다고 서술된 사건을 되살려내면서 "그 사건이 있은 지 며칠이나 지났는데"라는 식의 문장이 튀어나왔다. 추리소설도 엄연한 문학작품이니 편집자가 함부로 손을 댈 수는 없다 하더라도 적어도 작가에게 수정하도록 지적은 했어야 하는 것 아닌가. (그리고 편집자가 지적했다면 작가는 마땅히 적절한 수정을 했을 것이다.

그런 지적을 받고도 그대로 내보낼 간 큰 작가는 없을 것이다.) 그런데 편집자는 왜 이런 치명적인 흠결을 발견하지 못했을까. 어느 출판사에서 나온 『삼국지』를 읽다가 실소를 한 적도 있다. 바로 서너 페이지 앞에서 분명히 죽었던 인물이 버젓이 살아서 지면을 휘젓고 다니는 것이다. 아마도 워낙 많은 인물들이 나오는 작품이다 보니 작가가 착각을 했거나 아니면 급히 써내려가는 과정에서의 단순한 오타였을지도 모른다. 하지만 도대체 편집자는 그런 걸 안 보고 뭘 본 것일까. 설마 그 와중에도 북에디터에 "이 말은 붙여 써요? 띄어 써요?" 묻고 다니지나 않았으면 다행이다.

가공능력이란 결국 텍스트를 어떻게 장악할 것인가에 달려 있으며, 그것은 기본적으로 '판단능력 비판'에서 다루었던 내용들을 되짚는 것으로 족하다. 텍스트를 장악하지 못하는 편집자란, 텍스트와 관계 맺기에 실패한 것이며, '왜냐고 생각하기'를 소홀히 한 것이며, 텍스트에서 아무런 '상처'를 받지 못한 것이고 따라서 자신의 삶 속에서 텍스트의 전체적인 맥락을 통찰해내지 못하고 놓친 것이다. 스스로 "왜 이 책을 만들어야 하는지" "왜 이 원고가 책으로 만들어져야만 하는지"를 내면화하지 못했을 때 이런 문제가 일어난다. 자기도 모르는 얘기를 다른 사람에게 잘 전달할 재주가 있는 사람은 없다.

무엇이건 모르는 건 그 자체로 잘못이 아니지만, 알려고도 하지 않고 실은 알고 싶어하지도 않는다는 게 정작 문제다. 그저 먹고살려니 마지못해 붙들고 앉아 있는 것뿐이지 않은가. 그 증거는 어렵지 않게 찾을 수 있다. 편집자들에게 가장 어려운 일 또는 하기 싫은 일을 꼽으라면 열에 아홉은 '보도자료 쓰기'라고 답한다. 당연한 일이다. 텍스트를 충분히 장악하지도 못했고 자신있게 자기 언어로 풀어낼 만큼 충분히 내면화하지도 못한 채로 편집했기 때문이다. 가혹하지만 어쩔 수 없다. 정말 그렇다면 그 텍스트에서 손을 떼라. 그래서 자신있게 손댈 수 있는 텍스트가 남지 않는다면 이 직업에서 발을 빼라. 혹시 그것말고 다른 방법 알고 계시는 분?

문제 해결 능력은 조정능력으로 수렴한다

위에서 그런 일은 거의 일어나지 않는다고 전제하긴 했지만, 어떻든 문제를 발견하고도 적절한 대안을 찾아내지 못하는 경우가 아주 없지는 않다. 보도자료로 예를 들자면, 보도자료를 쓸 내용이 자기 안에 없는 것도 아니고 굳이 쓰기 싫은 것도 아닌데 아니 어쩌면 너무나 잘 쓰고 싶은데, 잘 써지지 않아서 고민인 분들도 의외로 많다. 굳이 말하자면, "내가 글재주가 있었으면 편집자 하겠어? 저자를 하지"쯤이라고나 할까. 요컨대 읽는 훈련은 어느 정도 되어 있을지 몰라도, 그에 비해 쓰는 훈련이 안 되어 있는 경우이다.

언젠가 어느 친구가 "悲風が鳴る"라는 일본어 문장을 어떻게 번역했으면 좋을지 이메일로 물어온 적이 있다. 일본어를 전혀 모르는 사람이라도 한자만 알면 해석할 수 있는 이 간단한 문장을 설마 그 친구가 의미 파악을 못해서 내게까지 도움을 청한 건 아닐 것이다. "슬픈 바람이 울다"라고 직역을 하고 보니 어딘가 이상하긴 한데, 도대체 어떻게 손을 대야 할지 대책이 서지 않아서였을 것이다. 나는 이 문장

을 놓고 "왜 바람이 슬플까?"를 먼저 생각했다. 그건 저자가 슬프기 때문일 것이다. 또는 그 대목을 읽는 독자들도 그 슬픔에 공명하기를 바란다는 의미이기도 할 것이다. 그러니 슬픈 건 바람만이 아니다. 이런 경우엔 보조사 '-도'를 활용하면 훌륭한 표현이 된다. "바람도 슬피 울다", 이것이 내가 만들어낸 번역문이다. 앞서 예를 들었던 '사실상의 대통령 종신제'도 실은 같은 사례다.

편집자가 저자의 원고에 불가피하게 개입해야 할 때, 가능하면 세련되게 저자의 의도를 살리고 싶으리라는 것은 당연한 직업적 책임감일 터이고, 따라서 모든 편집자는 적어도 사회적 평균 이상의 표현력을 필요로 할 것이다. 그 능력은 어떻게 '업그레이드'할 것인가. 적어도 자신이 충분히 장악하고 내면화하여 편집한 책에 대해 5,000자 내외로 보도자료를 정리하는 것쯤은 일도 아니게 되려면 어떤 훈련이 필요한가. 내 자랑 같기는 하지만 나는 내가 사회적 평균 이상의 표현력을 가진 사람이라고 생각하거니와, 내 경우로만 국한하여 말하자면 "슬픈 바람이 울다"라는 어색한 문장을 "바람도 슬피 울다"라고 다듬어낼 수 있고, "대통령 종신제"라는 어폐가 있는 표현 앞에 "사실상의"라는 표현을 추가해서 문제를 해결할 수 있는 이런 표현력을 어떻게 확보했는가.

죄송하지만 왕도는 없다. 죽어라 써보는 수밖에 다른 길이 없다. 단행본시리즈 『인물과 사상』의 종간호에 실렸던 글에서 고백했듯이 내게 혹 남다른 글재주가 있다면 그 8할은 고등학교 때부터의 일기쓰기를 통해 형성된 것이다. 수습훈련이 가혹하기로 둘째가라면 서러울

집단이 언론계라는 것은 널리 알려져 있지만, 수습기자들에게 선배기자들이 가장 많이 시키는 일이 바로 같은 내용을 수십 번도 넘게 리라이팅하게 하는 것이다. 심지어 읽어보지도 않고 휴지통에 처박아버리며 다시 쓰게 하는 폭력도 서슴지 않는다. 과연 우연일까.

글쓰기를 게을리 하는 편집자는 적어도 가공능력 향상은 기대하지 않는 것이 좋다. 고등학교 시절의 내 일기장을 보면 동어반복도 무지하게 많이 발견된다. 어떤 날은 하루치의 일기 전체가 동어반복으로 점철된 날도 있다. 그날의 내 심경을 표현하는 문장 하나를 써놓고는 이렇게 저렇게 조금씩 바꿔서 다시 표현해본 것이다. 대개는 책 제목을 뽑을 때나 마지못해 하는 일이겠지만(이나마도 안 해보고 그냥 인상만으로 제목을 뽑아내놓는 똥배짱들도 적지 않겠지만), 같은 내용의 문장을 놓고 30개 이상의 변형된 버전을 만들어보는 훈련을 일상적으로 해보기 바란다. 1년쯤 이런 훈련을 했는데도 표현력이 늘지 않는다면, 그 이유는 하나밖에 없다. 30개는커녕 세 개쯤 써놓고 나면 더 이상 다른 대책이 없어 막연한 것도 이유는 같다. 말 배우기는 흉내내기다. 입력이 없으니 출력이 안 나오는 것이다. 책 좀 읽고 살자. 책 안 읽는 독자들 탓할 자격이나 있는가.

아무려나 자기표현이 서투른 것은, 뒤에 다룰 '조정능력'의 문제이기도 하다. 읽고 쓰는 능력이란 기실 남의 말을 새겨서 듣고 자기 의견을 조리 있게 말하는 능력과 다르지 않다. 이 문제를 '조정능력 비판'에서 본격적으로 다뤄보기로 하자. 결국 순수한 '가공능력'이란 없다. 가공능력은 판단능력에 기초하며 조정능력으로 수렴한다.

조정능력 비판

왜 커뮤니케이션인가

연전에 한겨레문화센터에서 '중견 편집자'들을 위한 심화과정을 개설하면서 강좌의 제목을 '편집 커뮤니케이션 워크숍'이라고 붙인 적이 있다. 이 강좌를 기획할 때 내가 염두에 둔 강의 목표는 바로 이 책의 주제와 똑같은 '에디터십 업그레이드'였다. 비록 이 강좌는 두 차례 개설된 뒤에 폐강을 하기는 했지만 다시 같은 취지의 강좌를 기획하라고 해도 적어도 지금 당장은 내가 다른 제목을 떠올릴 것 같지는 않다. 요컨대 '에디터십 업그레이드 프로젝트'는 내게 '편집 커뮤니케이션 워크숍'과 동의어이다. 달리 말하면 이 책을 통틀어 내가 가장 역점을 두려고 하는 내용이 바로 '조정능력 비판'에 있다는 의미이기도 하다.

'편집은 판단이다'라는 단언으로 '판단능력 비판'을 열면서 편집자가 지녀야 할 직업적 능력의 본질이 '판단'에 있다고 강조하기도 했고, 또한 자타가 공인하는 이른바 '교정교열'의 달인(?)으로 '가공능력'에서 가장 전문적인 역량을 축적해온(그래서 이 책에서 가장 많은 분량을 할애하기도 했다) 처지에서, 새삼스럽게 '조정능력', 즉 '커뮤니케이션 능력'에 큼지막한 방점을 찍는 것이 의아스러울지도 모르겠다.

여기에는 두 가지 이유가 있다.

출판환경의 변화와 커뮤니케이션

그 첫째는 출판환경의 변화라는 객관적 조건이다. 가공능력에 관해 이야기하면서 상세하게 펼쳐 보였듯이 전통적인 의미의 편집 가공작업은 편집자의 영역에서 디자이너의 영역으로 분업화되었다. 원고 교열 작업이 편집자의 고유한 가공작업으로 남아 있기는 하지만, 이 또한 본질적으로 저자의 영역임도 밝힌 바가 있다. 전통적인 출판환경에서 편집자가 독자적으로 자신의 책임하에 수행하던 작업 공정조차도 이제는 저자나 디자이너와 호흡을 맞춰야 하는 일이 된 것이다.

또한 이 책의 서두에서 편집자를 영화감독에 비유해 말한 적이 있거니와, 수많은 스태프들이 한 편의 영화를 만들어갈 때 감독은 그들 모두를 아우르는 조정자, 오케스트라에 비유하면 지휘자의 역할을 한다. 편집자도 마찬가지다. 한 권의 책이 저자에게서 독자에게로 전달되는 과정에 직간접으로 관여하게 되는 수많은 사람들을 아우르며 사공이 많은 배가 산으로 가지 않도록 조정해내는 역할은 다른 어느 누구도 아닌 편집자의 몫이며, 특히나 이제 교정지와 씨름하며 몇 번이고 되풀이해 오탈자를 확인해야 하는 단순 교정 업무에서 해방된 편집자에게는 가장 중요한 직무 영역이 되었다.

여전히 출판기획에 대해 마치 편집자의 창조적 아이디어가 전부인 양 착각하는 분들도 적지 않지만, 사실 출판기획이란 그 자체로 커뮤니케이션이다. 독자의 요구를 정확히 파악하는 것이 독자(적어도 가상 독자)와의 커뮤니케이션이 아니라면 과연 무엇이며, 저자의 원고에서 저자의 의도를 짚어내는 일이 저자와의 커뮤니케이션이 아니라면 도대체 무엇인가. 또 출판기획이란 언제나 저자와의 출판 계약으로 구체화되게 마련인데, 저작자 또는 저작권대행사와 계약 내용에 대한 커뮤니케이션을 하지 않고 기획이 가시화될 수 있는 일인가. 또한 마케팅을 고려하지 않은 출판기획이란 마스터베이션에 지나지 않는다면, 마케팅 부서와의 커뮤니케이션 없이 온전한 기획이 성립할 수 있는가. 물론 책의 출간 방향을 궁극적으로 결정하는 것은 편집자의 '판단'이지만, 그 판단이 실제로 집행되는 것은 언제나 커뮤니케이션을 통해서이다.

편집 진행에서부터 제작에 이르는 과정도 마찬가지다. 설령 저자와의 실제적인 접촉 없이 오로지 텍스트에만 집중하고 있는 동안이라 해도, 편집자는 그 텍스트의 토씨 하나, 문장부호 하나에서도 저자의 자취를 좇으며 저자와 커뮤니케이션을 한다. 편집자의 가공이 개입해야 할지 말아야 할지 개입한다면 어떻게 해야 할지를 판단하고 결정하는 과정에서도 편집자는 적어도 자신의 머릿속에 있는 가상의 저자에게(때로는 실제로 저자와의 협의를 통해) 원고를 고쳐도 좋을지를 묻고 대답을 얻어내야 한다. 자신이 생각한 방향대로 책의 외형이 가공될 수 있도록 디자이너와 충분한 파트너십 속에서 긴밀하게 커뮤니케이션을 해야 하며, 인쇄 제작 과정에서 책의 전체적인 틀과 작업 일정이 왜곡되지 않도록 적절한 커뮤니케이션을 수행해야 한다.

제작이 완료되었다고 해서 커뮤니케이션이 끝나지는 않는다. 설령 마케팅 업무가 주무는 아닐지라도(때로 작은 규모의 회사에서는 주무가 될 때도 적지 않지만) 보도자료 작성을 포함해서 광고 카피나 기타 필요한 내용물을 적절하게 작성·제공하는 것도 결국은 다양한 마케팅 채널과의 커뮤니케이션이다. 또한 책 한 권 내고 경력에 종지부를 찍을 작정이 아니라면, 출간한 책에 대한 독자의 반응을 점검해야 다음 책을 기획하기 위한 밑거름이 될 것이다. 이 과정은 직접적으로는 마케팅 부서와의 커뮤니케이션이며 간접적으로는 유통 채널 또는 나아가 독자와의 커뮤니케이션이다.

편집은 커뮤니케이션으로 시작해서 커뮤니케이션으로 끝난다. 다시 말해 편집의 모든 과정은 '커뮤니케이션'이라는 키워드를 매개로 재구성될 수 있다. 초보 편집자가 책을 만드는 과정을 철저하게 눈에 보이는 텍스트를 중심으로 바라보는 데서 머무를 뿐이라고 한다면, 그보다 한 단계 업그레이드된 편집자는 그것을 다시 그보다 훨씬 더 추상적인 '편집자의 커뮤니케이션'이라는 관점에서 재구성하여 바라볼 수 있는 사람이다.

사회문화적 조건과 커뮤니케이션

그러나 그보다 더 중요한 이유가 하나 더 있다. 어떤 사회적 문제든 '세대론'으로 환원하려 드는 것이 위험한 시도라는 것을 충분히 전제하고 말한다면, 내 또래에 비해 커뮤니케이션에 곤란을 겪는 사람들이 훨씬 더 많아졌으며 구조적으로 그렇게 될 수밖에 없다는 사회적 조건에 대한 고려이다. 다시 말해 예전에 비해 상대적으로 커뮤니케이션에 능한 사람이 드물어졌다는 것이다.

그런데도 수많은 사람들이 편집 일을 하고 있으며, 해야 하고, 또한 하고자 한다. 이것은 거의 재앙에 가깝다. 예컨대 눈이 지독히 나빠서 운전면허시험 응시 자격 자체도 없는 사람들이 직업적인 운전기사가 되겠다는 야무진 꿈을 꾸고 있거나, 외국어 울렁증이 심해서 알파벳 익히기에도 애를 먹는 사람이 직업적인 통번역사가 되겠다고 하는 것과 도대체 무엇이 다르단 말인가. 나는 편집자의 직업적 능력에서 판단능력이나 가공능력은 사회적 평균 정도면 족하다고 생각하지만(이에 관해서는 '에필로그'에서 다시 이야기하겠다), 조정능력만큼은 대단히 우수한 수준이어야 한다고 생각한다. 대단히 유감스럽게도 한국사회에서(다른 사회는 어떤지 경험해보지 않아서 모르겠지만) 커뮤니케이션 능력의 사회적 평균은 도저히 책 만드는 일을 맡기지 못할 만큼 낮은 것이 현실이기 때문이다.

연전에 어느 정치인이 "옳은 말을 할 때조차 싸가지 없이 한다"는 비난을 들은 적이 있다. 그가 하는 말의 내용이 옳은지 그른지가 그의 판단능력에 관한 진술이라면, 그의 말에서 '싸가지'의 유무를 따지는 것이 그의 조정능력에 관한 진술이다. 같은 말을 해도 설득력 있게 말하는 사람이 있고 '옳은 줄 뻔히 알면서도 선뜻 동의하고 싶지 않게' 말하는 사람도 있다. 어느 쪽이 더 나을지는 두말하면 잔소리지만 이런 식의 언술에는 커뮤니케이션에서 그보다 훨씬 더 중요한 측면이 간과되어 있다.

똑같은 말을 듣고도, 그 내용에 동의하고 수긍하거나 그렇지 않다면 조리 있게 반론을 펴는 사람이 있는가 하면, 제멋대로 기분에 휩쓸려 동의하지 않는 내용에도 실속 없이 맞장구치거나 동의하는 내용에도 상처받았다고 엄살을 부리며 공연히 어깃장을 놓는 사람도 있다. 이건 어느 쪽이 더 나을지를 묻는 것 자체가 어리석다. 낫다거나 못하다거나의 문제가 아니라 일을 할 수 있느냐 없느냐의 문제인 것이다. 그리고 불행히도 우리 사회에는 전자보다 후자에 속하는 사람들이 훨씬 더 많으며, 몇 년을 현장에서 잔뼈가 굵었다는 편집자도, 꼭 편집자가 되겠다며 투지를 불태우는 편집자 지망생도 예외가 아니다. 사치스럽게(?) 판단능력이니 가공능력이니를 따질 계제도 아닌 것이다. 차를 얼마나 잘 모느냐가 아니라 시력검사 기준이 되느냐의 문제이고, 영어가 얼마나 유창하냐가 아니라 알파벳이나 제대로 뗐느냐의 문제인 것이다.

그런데 가령 연기자는 다른 걸 다 떠나서 연기만 실감나게 잘하면 일단 카메라 앞에 설 수 있고, 시나리오 작가는 다른 걸 다 떠나서 대본만 재미있게 잘 쓰면 일단 제 할 일은 하는 것이지만, 영화감독은 그렇지 않다. 온갖 '사오정'들이 출몰하는 커뮤니티의 공동작업을 이끌어야 하는 사람이 '사오정'이어서는 안 된다. 마찬가지로 저자는 다른 걸 다 떠나서 일단 원고만 제대로 뽑아내면 되고, 디자이너는 일단 그림만 좋으면 실력을 인정받지만, 편집자는 오히려 그렇게 다들 제각각이기 때문에라도 '다른 걸 다 떠날' 수가 없다. 아무리 다른 업무능력이 탁월해도 커뮤니케이션이 서투른 사람은 책을 만들 수가 없다. 어찌어찌 책이 만들어질지는 몰라도 그건 '책'이 아니라 '책'이라는 이름의 쓰레기이기 쉽다. (펄프 1그램도 안 나고 기름 한 방울도 안 나는 나라라는 판에 박힌 얘기를 또 덧붙여야 하는가.) 이것이 내가 '에디터십 업그레이드'의 핵심이 '조정능력'에 있다고 강조하는 까닭이다.

기술technique인가, 성격personality인가

편집자의 커뮤니케이션에 관해 이야기한다고 할 때 반드시 먼저 짚고 넘어가지 않으면 안 되는 문제가 하나 있다. 많은 자기계발서들이 말해주는 바가 그러하듯이, 흔히 커뮤니케이션 능력을 기술의 관점에서 바라보려는 시도가 적지 않다. 나는 커뮤니케이션에서 기술의 측면이 전혀 없다고 단언하고 싶지는 않다. 특히나 '말더듬이'와 같은 일종의 장애가 있을 때 '웅변'이나 '화술' 같은 훈련이 어느 정도 도움이 된다고 생각하는 편이기도 하다.

하지만 가령 주위에서 "넌 왜 같은 말을 해도 꼭 그렇게 얄밉게 하느냐?"는 핀잔을 듣곤 하는 사람에게 '말하는 기술'이 부족하다고 말할 수 있는지에 대해서 나는 회의적이다. 나부터도 말주변이 없어 답답한(실은 나를 답답하게 하는) 사람을 보면 "그렇게 말하는 기술이 서툴러서 어쩌느냐?"는 식의 타박을 늘어놓는 편이긴 하지만, 그렇다고 해서 내가 정말 그걸 '테크닉'의 문제라고 생각한다는 뜻은 아니다. 정직하게 말해서 그저 답답하니까 내질러보는 상투적인 레토릭일 따름이다. 그렇다고 그런 상황에서 정색을 하고 "너는 성격이 왜 그 모양이냐?"고 말할 수는 없지 않은가. 더구나 위에서 말했듯 '말하기'보다 훨씬 더 중요한 '듣기'에 이르러선 과연 '듣는 기술'이라는 말이 성립할 수나 있는가. 대개 많은 이들은 '듣는 기술'이 모자라서 발생하는 의사소통 장애에 직면할 때 그저 "성격 참 독특하다"라고 말하기도 하거니와, 실은 이것이 진실에 훨씬 더 가깝다.

나는 커뮤니케이션 능력은 어떤 지식이나 기술의 문제가 아니라 그 이전에 그보다 훨씬 더 본질적으로 성격의 문제라고 생각한다. 만일 사람의 성격이라는 것이 기질적으로(즉 선천적으로) 결정되는 것이라는 세간의 통념을 승인한다면, 나는 극단적으로 말해 세상에는 편집자가 될 수 있는 성격을 가진 사람과 편집자가 될 수 없는 성격을 가진 사람이 있을 뿐이라고 말할 수밖에 없다. 사실 그 다음에는 어떤 말도 덧붙일 말이 없다. 그래서 나는 흔히 "저작은 사람이 하는 일이고 편집은 신이 하는 일이다"로 번역되곤 하는 스티븐 킹의 유명한 말 "To write is human, to edit is divine"을 익살스럽게도 "저자는 노력해서 될 수 있지만 편집자는 타고나야 한다"라고 번역하곤 한다.

호모 사피엔스라는 우리 종의 특성에 충실하게, 생각하는 훈련만 제대로 해낸다면 사회적 평균 정도의 판단능력은 얼마든지 기대할 수 있다. 말 배우기는 흉내내기이니 구양수의 저 유명한 경구처럼 부지런히 읽고 쓰고 생각하는〔多讀多作多商量〕 훈련을 게을리 하지 않으면 사회적 평균 정도의 가공능력을 갖추는 것도 가능하다. 하지만 조정능력은 그렇지 않다. 도대체 '타고난 성격'이 그렇다는 데는 속수무책일 수밖에 없지 않은가.

다만 나는 과연 성격이라는 것이 타고나기만 하는 것인가, 기질적인 요인으로 환원시킬 수 있는 것인가에 대해 적어도 세간에서 흔히 생각하는 것보다는 더 많은 의문을 품고 있다. 그도 그럴 것이 만일 '사오정'이 성격의 문제이고 또한 성격이 말 그대로 '타고나는' 것이라면, 그리고 사회적 의사소통에 문제가 있는 '사오정'들이 이전 시대보다 많아진 것이 사실이라면, 그 사이 한국인들의 '성격을 결정하는 유전자'에 엄청난 변화가 일어났다는 도저히 믿기 어려운 황당무계한 말 밖에 더 되겠는가.

물론 나 역시도 사람 성격은 잘 바뀌지 않는다고 생각하긴 하지만, 그것은 그의 성격이 '유전자'에 각인되어 있기 때문이라기보다 사람에게 시간의 축적이라는 것이 비가역적이기 때문이라고 생각하는 편이다. 다시 말해 성격이 형성되던 성장기의 환경이 그의 성격에 (적어도 '유전자'보다 더) 결정적이었겠지만, 시간을 되돌려 성장기를 다시 살 수 있는 사람은 없다는 것이다. 이렇듯 환경결정론적 접근 역시도 생물학적 결정론적 접근만큼이나 결정론적이기는 마찬가지라 해도, 그 가변성의 범위를 훨씬 넓게 잡아볼 수는 있다. 나는, 살면서 성격이 거의 백팔십도 달라진 사람들을 꽤 많이 알고 있다. 어려운 일이기는 하지만 불가능한 일은 아니라는 것이다. 물론 사람의 성격을 변화시켜주는 것은 평탄한 삶이 아니라 풍상과 우여곡절 속에 고군분투한 삶일 것이다. 환경이 성격을 결정한다면, 자신을 둘러싼 환경이 달라지면 성격도 달라질 수 있다.

그래서 '조정능력 비판'에서 내가 집중적으로 다룰 내용은 거의 '성격 개조'에 해당하는 이야기가 될 것이다. 설령 성격의 많은 부분이 만들어지기보다 타고나는 것이라 해도 그저 '타고난 성격'이 그렇다고 덮어둘 문제만은 아니다. 회사를 옮기려는 편집자들에게 이유를 물어보면 열에 일곱은 커뮤니케이션 때문이다. 일이 많고 힘든 것도 세상에 쉬운 일이 없으니 견딜 수 있고, 회사의 비전과 자신의 비전이 일치하지 않는 것도 직업이라는 게 다 그렇겠거니 감당할 수 있는데, "도저히 '그××'하고는 하루도 더 일을 못하겠다"는 것이다. 그리고 누구든 자신의 의도와 무관하게 다른 누군가에게 언제든 '그××'일 수 있다. 어떻게 하면 '그××'가 될 가능성을 줄일 수 있을지, 그리고 불행히도 본의 아니게 '그××'가 되어버렸을 때 그 난감한 사태를 어떻게 헤쳐나가야 할지가 바로 '조정능력 비판'이 다루려는 내용의 핵심이다.

충돌에 직면하기

몇 해 전의 일이다. 한 후배가 회사를 그만두어야겠다며 상담을 청해 온 일이 있다. 그가 주관적으로 느끼는 회사의 문제는 (만일 그것이 사실이라면) 내가 객관적으로 볼 때도 '어디서나 으레 있을 수 있는' 일은 아니었다. 누가 보더라도 상당히 심각한 문제인데도 그것이 해결되지 않고 있으며 심지어 해결될 가능성조차 회의적이어서 급기야 밥줄을 놓아야겠다는 쉽지 않은 결심에 이를 수밖에 없다는 것은 둘 중의 하나의 상황일 것이다.

어떤 이유로든 그 문제를 해결할 책임이 있는 사람이 문제의 심각성을 잘 모르고 있거나(또는 원인을 엉뚱한 데서 찾고 있거나), 회사 조직의 말단에 있는 그 친구의 처지에서나 또는 그의 말만을 전해들은 국외자인 내 처지에서나 쉽게 알아채기 어려운 다른 사정(그 사정을 알기만 한다면 어쩌면 당면해 있는 문제의 심각성쯤은 양해할 여지도 없지 않은) 때문에 불가피하게 벌어지고 있는 일일 것이다. 후자에 관해 부언하자면, 물론 "대를 위해 소를 희생한다"는 식의 발상이 매우 위험한 것이기는 해도 현실에서는 늘 벌어지는 일이기도 하다. 실존적 결단이

191

란 언제나 무엇을 지키고 무엇을 포기할 것인가라는 선택의 문제이며, 어떤 사람에게는 인생이 걸려 있는 가장 큰 문제조차도 다른 사람에게는 얼마든지 그보다 더 큰 문제를 막기 위해 유보할 수밖에 없는 작은 문제일 수도 있는 것이다.

만일 전자라면 책임자에게 문제의 심각성을 제대로 알리는 것이 우선일 터이고, 후자라면 그것이 납득할 만한 것이든 아니든은 차후 문제라 하더라도 충분한 해명을 듣는 것이 올바른 순서일 터였다. 그래서인지 회사를 그만두겠다는 극단적인 결론을 내린 후배의 태도가 석연찮았다. 그 문제를 책임자와 진지하게 의논해보았느냐는 나의 질문은 '회사 쪽에서 뭐라고 하는지를 일단 들어보자'는 취지였지만, 돌아온 대답은 나를 맥빠지게 했다. "어차피 그만둘 건데요 뭐."

나는 그를 이렇게 설득했던 것으로 기억한다. "어차피 그만둘 거니까, 오히려 부담 없이 얘기할 수 있잖아." 그때까지만 해도 나는 순진하게도 많은 사람들이 눈앞에 뻔히 보이는 문제를 두고도 속수무책일 수밖에 없는 이유는 한 가지뿐이라고 생각하고 있었던 것 같다. 요컨대 공연히 들쑤셨다가 미운 털이라도 박히면 어쩌나 하는 매우 현실적이고 충분히 이해할 만한 공포 때문이라고 본 것이다. '목구멍'은 누구에게나 '포도청'이니 말이다. 그렇다면 이미 밥줄을 놓아버릴 결심을 한 마당에 무엇이 무서워 마땅히 해야 할 말 한마디 제대로 못한단 말인가. 게다가 입장을 바꿔서 생각해보면, 멀쩡하게 일하고 있던 사람이 뚜렷한 이유도 밝히지 않은 채 회사를 나가겠다고 하면, 누구라도 회사에 심각한 문제가 있다고 생각하기보다는 그 사람이 무책임하다고 생각하게 마련 아닌가. 하물며 이유가 궁색한 나머지 엉뚱한 이유를 둘러대기라도 한다면 문제는 더 심각해질 것이다. 그렇다면 그 뒤에 오는 사람도 똑같은 이유로 또 그렇게 얼마 못가 그만두는 일만 되풀이될 터인데, 그거야말로 모든 사람에게 가장 나쁜 결과가 아닌가.

그렇게 이야기를 풀어가다가, 이내 사람들에게는 '현실적인 불이익'보다 더 무서운 게 있다는 사실을 깨달을 수 있었다. 다른 사람과 서로 충돌하는 입장에서 대화한다는 것 자체를 불편하고 거북하게 여기고 있었던 것이다. 한마디로 그것은 그저 피곤한 일일 따름이고, 오늘의 일상이 피곤해지는 것이 실은 내일 삼수갑산 가는 것보다 훨씬 더 두려운 일이었다.

커뮤니케이션은 피곤한 일이다

나는 아연해졌다. 심정적으로 이해 못할 바는 아니었다. 맞다. 그야말로 '이상성격자'가 아닌 다음에야 누군들 다른 사람과 충돌하는 상황을 달가워하겠는가. '평화로운 일상'은 누구나 꿈꾸는 '행복한 삶'의 필수불가결한 조건 중 하나일 것이다. 하지만 대단히 죄송하게도 우리가 발딛고 사는 이 땅은 '천국'이 아니며 천국과 거리가 멀어도 한참 멀다. 그 어떤 평화도 거저 주어지는 법은 없다.

만일 사람들이 애당초 모두 같거나 크게 다르지 않은 입장일 수 있다면, 커뮤니케이션은 무의미하다. 요컨대 커뮤니케이션이란 본래 다른 입장 사이에 존재하는 것이며, '입장의 다름'을 확인하는 것은 커뮤니케이션을 위한 당연한 전제이다. 즉 커뮤니케이션이란 본래 '피곤하고 수고로운 일'이다. 자신의 일상을 돌이켜보라. 마냥 즐겁기만 한 커뮤니케이션이 있었던가. 만일 그런 것이 있을 수 있다면 그건 아마도 실은 굳이 필요가 없는 잉여적인 오락일 것이다. 예컨대 마음 맞는 친구와 신나게 수다를 떠는 것은 물론 즐거운 일이지만(동시에 실은 피곤한 일이기도 하다!), 정말 마음 맞는 친구라면 아무 말을 하지 않는다 해도 충분히 즐거울 것이다. 그러나 그렇게 친해지기까지 또 우리는 얼마나 많은 서로의 '다름'을 확인하며 때로 신기해하고 때로 불편해하는 '피곤함'을 감수해야 했던가. 이런 '피곤함'을 회피하려 하면 커뮤니케이션은 없다. 생텍쥐페리는 『어린 왕자』에서 '사람들에게 친구가 없는 이유'를 이렇게 설명한다. "사람들은 이제 모든 것을 상점에서 사지만, 친구를 파는 상점은 없다."

하기는 나부터도 그렇다. 나 역시도 사람인지라 '단 1분도 말을 섞고 싶지 않은 사람'이 없지 않으며, 그런 사람을 마주치는 상황을 가능하면 피하고 보는 편이다. 하지만, 거기에는 대체로 두 가지의 전제가 있다. 옆에서 지켜보는 사람에게 '소모적'이라고 느껴질 정도로 집요하게 다양한 방법으로 대화를 시도해보기 전까지는 함부로 대화의 가능성을 부인하지 않는다. (그래서 때로 '무척 피곤하게 사는 사람'으로 보이기도 한다.) 그리고 대화의 결과에 대해 별다른 기대가 없을 때조차도 결과적으로 무익할 대화를 진행함으로써 내가 치러야 할 '피곤함'의 정도와 곧바로 대화를 회피함으로써 감수할 수밖에 없는 비용을 따져본다. (그래서 때로 '무척 냉정한 사람'으로 보이기도 하고 반대로 '무척 미련한 사람'으로 보이기도 한다.)

　뒤집어 말하면, 내가 보기에 충분한 대화를 시도해보지도 않고 지레 입을 닫아버리는 이들에게는 두 가지 문제가 있을 수 있다는 것이다. 가령 "이 문제에 관해 그 사람하고는 왜 대화가 안 될 거라고 생각하느냐?"고 물을 때 내가 기대하는 대꾸는 "이 문제에 관해 이러저러한 방법으로 대화를 시도해보았는데, 어떤 실마리도 찾지 못했고 내게는 더 이상의 방법이 없다"는 것이다. 그런 거라면 손을 드는 수밖에 별도리가 없다. 그런데 대개의 경우는 "이 문제로는 대화를 시도해본 적도 없다. 다른 문제들을 대하는 그 사람의 태도로 미루어보았을 때 그 사람이 어떻게 나올지는 '안 봐도 비디오'다. 굳이 시도해볼 필요를 느끼지 않는다"는 것이다. '똥인지 된장인지 꼭 찍어 먹어봐야 아느냐'는 상식적인 수준의 이야기니 이런 추론 자체에 구구한 토를 달고 싶지는 않다.

　그런데도 여전히 석연찮은 것은, 이런 추론이 때로 상당히 타당하게 여겨져 고개를 끄덕이게 되는 경우도 없지는 않지만, '지금껏 겪어왔다는 다른 문제들과 지금 당면하고 있는 이 문제는 성격이 다르지 않을까'라는 의혹에 납득할 만한 해명이 뒤따르지 못하는 경우가 훨씬 더 많더라는 것이다. 요컨대 엄밀한 인과율에 근거한 판단이 아니라 막연한 인상에 따른 판단이더라는 것이다. 그런 종류의 인상이라는 것은 때로 뛰어난 통찰일 수도 있지만, 더 많은 경우에는 한낱 편견에 지나지 않을 수도 있는데, 만일 '왜 그것이 편견이 아닌지를 검증해볼 기회를 스스로 차단하는가'로 질문을 바꾼다면 결국 순환론의 함정에 빠져 있을 뿐인 맥빠진 대꾸가 되는 것이다.

이보다 더 고약한 경우는, 그래서 마지못해 대화를 시도하는 시늉만 해보고는 신통치 않은 결과를 근거로 "거봐, 내가 뭐랬어"라고 자족하는 것이다. '자기충족적 예언'이란 이런 경우를 두고 하는 말일 게다. 그는 대화를 통해 문제를 해결하고 싶었던 것이 아니라, 그저 상대방과 말이 안 통한다는 자신의 판단이 편견이 아니라는 사실을 입증하고 싶었을 뿐인 것이다. 그런 태도로 임하는 대화가 제대로 진행될 리가 없다!

또 다른 문제는 이런 것이다. 가령 "그래서 대화를 포기했다 치고, 그 결과에 대해 책임질 수 있는가"를 질문하면, 대개는 "그러니 답답하다는 거죠"라는 요령부득의 대꾸가 되돌아온다. 실은 답답할 것 없다. 포기할 것을 빨리 포기하는 것도 능력이다. 정작 문제는 어느 쪽도 선뜻 포기가 안 된다는 것일 게다. 어차피 평행선만 긋다 말 소모적인 대화를 포기하자니 그로 인해 발생할 결과가 엄청나고, 그렇다고 어떻게든 문제를 해결하려 들자니 해결되는 건 하나도 없이 되풀이될 게 뻔한 '삽질'에 짜증부터 나는 것이다.

나는 그럴 때 이렇게 다시 묻는다. "그래서 어떻게 하고 싶은 건데?" 때로 명료하게 즉답이 튀어나오기도 하지만, 대개는 이리저리 말을 돌리며 하나마나한 넋두리 하소연만 늘어지는데 그 말허리를 자르며 집요하게 추궁하면 결국 대답은 같다. "글쎄요. 바로 그걸 모르겠다니까요." 그렇다. 바로 그것이 문제의 본질이다. 자기 입장이 명료한 사람은 결코 자신과는 다른 입장과의 충돌을 두려워하지 않는다. 그것이 분명 '피곤하고 수고로운 일'이기는 해도, 어차피 살면서 누구나 겪어야 할 과정 아닌가.

더 고약한 경우도 있다. "그래서 어떻게 하고 싶은 건데?"라는 질문에, 아무리 완곡하게 돌려 말해도 결국은 "그 사람이 내 시야에서 사라졌으면 좋겠다"는 뜻일 수밖에 없는 대답 외에는 "다른 어떤 것도 원하지 않는다"는 것이다. 요즘은 어린 아이들도 똑똑해져서 다섯 살 먹은 아이가 떼를 써도 이 정도까지는 아니다. 하물며 다 큰 성인들이 그것도 '보기 싫은 사람은 안 봐도 그만'인 사적 공간도 아니고 엄연한 직업세계에서 이런 투정이나 늘어놓고 있는 걸 보면, 솔직히 그저 '한 대 쥐어박아주고 싶은' 생각밖에는 안 든다.

자신의 입장을 확인하라

분명히 말하자. 자기가 결론을 이미 내려놓고 있다면 그것은 '입장'이 아니다. 커뮤니케이션이란 다른 입장과의 충돌을 통해 끊임없이 자신의 입장을 수정해가는 과정이다. 실은 그래서 피곤하고 수고로울 수밖에 없는 것이다. 바로 조금 전까지만 해도 '정답'이라고 믿었던 내용을 수정한다는 것은, 특히나 '정답 맞히기'에 길들여진 세대에게는 고역 중의 고역일 것이다. 게다가 대개는 그것을 '자존심 문제'로까지 비약하기 때문에 상황은 더욱 악화된다.

알량한 '자존심'이 딱하기는 하지만, 중요한 건 누구의 입장이 궁극적으로 관철되는가나 누구의 입장이 얼마나 후퇴하는가 따위가 아니라 최종적으로 도달한 결론이 얼마나 서로에게 덜 나쁜 것인가이다. 따라서 더 이상 양보할 수 없는 입장을 꼭 관철시키고 싶다고 해서 무작정 앵무새처럼 그 입장만을 되풀이하는 것은 커뮤니케이션이 아니다. 상대방에게도 그 입장을 받아들이는 것이 더 이익이 되거나 최소한 손해가 덜한 결론이라는 것을 설득해내는 것이 커뮤니케이션이다.

때로 어떤 말로도 설득이 곤란한 경우도 있다. 상대방의 입장에 따라 나는 천국과 지옥을 오락가락할 수 있지만, 내가 어떻게 하든 상대방은 손해볼 것이 거의 없는 경우이다. 시쳇말로 상대방이 '칼자루'를 쥐고 있는 경우이다. 만일 그것이 어느 정도 진실이기는 해도 상대방의 주관적 착각도 어느 정도 개입되어 있다면, 그것을 일깨워줄 방법을 찾아야 한다. 그러나 객관적으로 명백한 상황이라면, '칼날'을 쥐고 있다는 자신의 입장에 우선 정직하게 겸손해져야 한다. 그런데 대부분의 사람들은 자신이 '칼날'을 쥐고 있다는 상황 자체를 인정하는 데 대단히 인색하다. 그것이 어줍잖은 '평화주의'를 방패삼아 입장 충돌 자체를 회피하는 진짜 이유이기도 하다.

좀더 큰 안목에서 바라보자. 신이 아닌 이상, 더구나 상대방 또한 취미로 여가생활을 하는 게 아니라 결국 직업적으로 일을 하는 것뿐인 한, 다른 사람과의 관계에서 100퍼센트 '칼자루'를 쥐고 있는 사람은 아무도 없다. 그러니 알량한 '자존심'만 접어두면, 얼마든지 서로에게 가장 덜 나쁜 방향으로 상대방의 일정한 양보를 얻어내며 내 입장도 수정해갈 수 있다.

성찰 없이는 입장도 없다

물론 누구에게나 어떤 상황에서도 결코 물러설 수 없는 최종적인 '마지노선'은 있게 마련이다. 그러나 그것은 그야말로 '다른 모든 것을 포기해서라도 지켜야 할' 무엇일 때에만 의미가 있는 것이다. 그리고 그것이 강력하면 할수록 그것을 지키기 위해 치러야 할 대가는 커진다. 그것은 옳고 그름의 문제가 아니라 개인의 실존적 결단의 문제이기 때문에, 스스로 감당할 각오만 되어 있다면 설령 아무리 커뮤니케이션에 장애가 된다고 해도 함부로 왈가왈부할 수 없다.

그러나 바로 그렇기 때문에 그것이 과연 그럴 만한 가치가 있는 것인지는 자기 자신만이 온전히 대답할 수 있다. 스스로도 믿지 못하는 가운데에서도 마치 대단한 소신이기라도 한 양 '도저히 그렇게는 못하겠다'는 태도만을 완강하게 고수하려는 이들이 너무 많기에 하는 말이다. 그것을 위해 무엇을 포기할 수 있는지를 진지하게 성찰하지 않은 입장은 입장이 아니라 '맹목적 강변'일 뿐이다. 자기는 아무것도 포기하지 않으려 하면서 상대방의 변화만을 바라는 것은, 조금이라도 '칼자루'를 쥐고 있다면 '폭력'이고 '칼날'을 쥔 처지라면 조롱거리에 불과한 '허세'일 뿐이다.

단지 "내가 원하는 것은 이것이다"만으로는 명료한 입장이라 할 수 없다. 자신이 요구하는 모든 것이 반드시 필요한 것인지, 그 중에서 경우에 따라 양보할 수 있는 것은 무엇이고 그러한 양보를 통해 끝까지 지켜야 할 것이 무엇인지가 적어도 자기 자신 안에서는 명료하게 정리되어 있어야 한다. 그러려면 "왜" 그래야 하는지에 대한 명확한 인식이 전제되어야 할 것이다. 나아가 상대방과 커다란 이견이 없는 내용에 공연히 기운을 빼거나 상대방이 도저히 수용할 수 없는 내용을 별다른 실속도 없이 물고늘어지지 않으려면, 상대방이 원하는 것이 무엇인지 또 상대방이 양보할 수 있는 것은 무엇이고 그것을 통해 지키고자 하는 것이 무엇인지에 대한 파악도 당연히 전제되어야 한다. 그래서 커뮤니케이션에서는 무엇보다 '듣기'가 중요하다.

무엇을 위한 커뮤니케이션인가

커뮤니케이션에도 여러 종류가 있다. 가령 살면서 부딪힐 수밖에 없는 답답한 상황에서, 딱히 조언을 구하거나 미처 생각하지 못한 뾰족한 대책을 얻기 위해서라기보다 그저 위로받고 싶어서 누군가에게 말을 걸거나 누군가 말을 걸어주기를 기대하는 경우도 많다. 대개는 스스로도 이미 답을 알고 있을 때, 하지만 결국 그 뻔한 답을 받아들일 수밖에 없다는 것을 너무나 잘 알면서도 못내 내키지 않을 때 우리는 이런 식의 커뮤니케이션을 시도한다. 이럴 때 혹시라도 도움이 될까 싶어 어줍잖은 조언이라도 몇 마디 기들거나 조금이라도 상황을 개선시킬 수 있는 방법을 찾아 머리를 맞대려 들기라도 했다가는 잘해야 본전이고 잘못하면 큰 낭패를 보기 쉽다. 스스로 이미 답을 내려놓고 있는 상태에서는 상대방의 어떤 말도 귀에 들어오지 않기 때문이다. 그저 '임금님 귀는 당나귀 귀'라고 대나무밭에 외치고 나면 속이라도 시원해지듯이, 내키지 않는 상황을 받아들일 마음의 준비나 각오를 새삼스레 다질 수 있다면 그것으로 족한 것이다. 아주 절친한 친구 사이에서나 서로 용인될 수 있는 커뮤니케이션이다.

그러나 내가 '에디터십'과 관련하여 이야기하고자 하는 커뮤니케이션은 이런 종류의 커뮤니케이션과는 거리가 멀다. 편집자의 '조정능력'이 문제가 되는 커뮤니케이션이란 명백히 '문제를 해결하기 위한' 것이다. 그래서 자신의 입장을 정확하게 세우고 나아가 상대방의 입장을 분명하게 파악하는 것이 커뮤니케이션의 대전제라고 한 것이다. 입장이 서로 충돌하고 있다는 것이 바로 커뮤니케이션을 통해 해결해야 할 문제이기 때문이다.

그럼에도 불구하고 주제와는 전혀 상관이 없는 '위로받기 위한' 커뮤니케이션 이야기를 끄집어낸 것은, 그것이 편집자의 일상에서 커뮤니케이션에 장애가 발생하는 대부분의 경우와 매우 깊은 관련이 있기 때문이다. 요컨대 문제 해결을 위한 커뮤니케이션이 요구되는 것이 분명한 상황에서 엉뚱하게도 위에서 묘사한 방식으로 커뮤니케이션을 하려 드는 사람들이 너무나 많고, 바로 그런 태도가 정작 필요한 커뮤니케이션을 가로막고 '조정능력'을 난조에 빠뜨리는 가장 큰 원인으로 작용할 때가 많다라는 것이다. 물론 일 속에서 만나는 인간관계가 단지 일만을 매개로 유지된다는 것이 매우 삭막한 삶임에 틀림없다는 것을 부인하는 것은 아니지만, 그렇다고 일 속에서 입장이 부딪치거나 최소한 비껴가고 있는 카운터파트에게 친구 사이에서나 가능한 커뮤니케이션을 기대한다는 것은 정말 기가 막힌다고밖에 말할 수 없는 언어도단이다.

분명히 말하자. 자기 얘기만 일방적으로 들어달라는 것은 문제를 해결하려는 자세가 아니다. 물론 이런 상황이 빈번하게 빚어지는 것에도 이유가 없지는 않을 것이다. 가령 아무리 생각해도 문제의 소지, 즉 입장 충돌의 여지가 거의 없다는 판단이 전제되어 있다면, "네가 어떻게 나한테 이럴 수 있냐"는 투의 하소연이 튀어나오게 되는 것은 거의 인지상정이다. 그러나 냉정하게 말하자면, 그건 상대방의 입장에서도 마찬가지일 것이다. 하기는 그래서 늘 문제 해결의 실마리를 찾기는커녕 감정의 골만 더 증폭되기 일쑤이겠지만, 그렇게 어느 한쪽도 물러서지 않고 팽팽하게 '임금님 귀는 당나귀 귀'만을 일방적으로 외쳐대는 광경을 혹시라도 제삼자의 눈으로 본다면, 답답하기 이를 데 없을 당사자들에게는 대단히 죄송한 말이지만, 코미디도 그런 코미디가 없다.

더 재미있는 코미디도 있다. 어차피 속이라도 후련해지자는 것말고는 달리 목적이 없는 다분히 독백적인 언설들이 일방적으로 오가다 보면, 때로 언성이 높아지기도 하다가도 결국은 각자 어느 정도 누그러져서는 마치 아무 일도 없었다는 듯이 그야말로 '끈끈한 우정'을 확인하는 것으로 마무리되는 경우도 있다. 물론 애초에 그 상황을 야기했던 문제는 조금도 해결되지 않은 채 고스란히 그 자리에 있고, 서로 충돌하고 있는 입장의 차이도 전혀 해소되지 못한 채로!

상대방은 내 얘기를 하나도 안 듣고 자기 얘기만 했는데도, 역시 마찬가지로 상대방 얘기는 하나도 안 듣고 내 얘기만 신나게 떠든 내 입장에서 보자면, 어쨌든 상대방은 내 얘기를 다 들어준 '고마운 친구'인 것이다. 마음속에 맺힌 말을 다 털어내서 속이 후련한 것을 문제가 해결된 것으로 착각하곤 하지만, 실은 그래서 어디다 대고 하소연이라도 하지 않으면 못 견딜 것 같은 '답답한 상황'은 끊임없이 되풀이해 재연된다. 그럴수록 수차에 걸쳐 확인에 확인을 거듭한 '끈끈한 우정'에 대한 배신감은 당연히 점점 더 커질 테니, 상황은 점점 더 답답해져만 가는 악순환의 늪에 빠져든다. 도대체 뭐하는 짓들인지 헛웃음만 나온다.

역지사지易地思之 : 답답할수록 냉정하라

해법은 간단하다. 정말로 문제를 해결하고 싶다면, 내 입장이 아무리 다급하고 내 처지가 답답해도 그건 잠시 미뤄두는 여유가 필요하다. 일단 상대방의 입장을 확인하는 게 우선이다. 물론 이런 반론이 있을 수 있다. 나는 그러려고 하는데, 상대방이 자기 입장만 일방적으로 강변할 뿐 도무지 내 말을 들으려 하지 않는다. 충분히 이해한다. 그런 상황은 얼마든지 있을 수 있다. 그런데 한 가지만 묻자. 그렇다고 나까지 똑같이 나가면 결국 어떻게 되겠는가. 바로, 위에서 묘사한 기도 막히지 않는 코미디가 된다.

그렇다고 흔한 말로 "똑똑한 네가 이해하라"거나 "착한 네가 참으라"고 얼버무릴 생각은 추호도 없다. 우선 나부터가 그렇다. 나는 내가 대체로 똑똑하고 때로 착하기도 하다고 믿는 편이지만, 만일 누군가가 그 이유를 들어 나더러 이해하라거나 참으라고 한다면, 결코 똑똑하지도 착하지도 않겠다고 작심한 지 오래다. 나는 그저 (누군가 나를 곤란하거나 불편하게 하는 언행을 한다면) 그 사람이 "왜" 그러는지를 차분히 되짚어내려 할 것이다. 물론 내 입장에서가 아니라 상대방의 입장에서!

좀체로 문제 해결을 위한 커뮤니케이션으로 나아오지 못하고 다분히 독백적으로 답답함을 호소하곤 하는 이유는 상황에 따라 사람에 따라 천차만별이겠지만, 한 가지 움직일 수 없는 공통점이 있다. 앞서 언급했듯이, 이들은 기실 해결해야 할 문제에 대한 자신의 입장이 명료하지 않은 것이다. 또는 "나는 너랑 말을 섞기 싫어"나 "무조건 네가 양보해"처럼 사실상 실현불가능한 입장에서 조금도 물러서기는 싫지만 이미 그것이 실현불가능하다는 것을 스스로도 알기에 이러지도 저러지도 못하는 어정쩡함에서 오는 답답함일 것이다. 그렇다면 이때 내가 취해야 할 입장은 분명하다. 내가 원하는 바를 말하기 이전에 우선 그가 원하는 바를 그의 입장에서 정리해주는 것이다. "그러니까 당신은 이렇게 하고 싶은 거지요?"라고.

물론 이런 시도는 결코 한 번에 성공하는 법이 없다. 아무리 그의 입장에서 생각하고 싶은 순수한 의도가 넘쳐난다 해도, 나도 사람인 이상 무리하게 넘겨짚지 말라는 법도 없고 또는 오히려 너무나 정확하게 핵심을 찔렀다 해도 바로 그렇기 때문에 "절대 내 입장은 그런 게 아니다"라는 요령부득의 반응에 직면할 수도 있다. (왜냐하면 그는 아직도 자신의 입장을 정확히 모른다!) 하지만 나의 궁극적 무기는 '문제를 해결하고자 하는 의지'다. 커뮤니케이션의 장애 혹은 단절은 언제나 상대방의 막무가내에서 오는 것이 아니라 내가 그 의지를 포기하거나 체념했을 때 온다. 그의 입장이 스스로 납득할 수 있는 선에서 정리되기 전에는 섣불리 내 입장을 주장하지 말고 끈덕지게 그의 입장을 명료하게 정리해내는 데 최선을 다해야 한다. 어차피 상대방의 입장이 명료하게 정리되기 전에는 아무리 내 입장이 분명해도 충돌이 불가능하며 따라서 어떤 조정도 불가능하다는 것을 냉정하게 직시해야 하는 것이다.

하지만 내가 보기에는 바로 이 대목에서 커뮤니케이션을 포기해버리는 경우가 상당히 많다. 그것은 대개 상대방의 입장에서 생각해줄 여유가 없기 때문이 아니라, 실은 상대방 입장에서 생각하는 방법을 아예 모르기 때문이다.

여유가 없다는 흔한 핑계가 사실에 부합하지 않는다는 증거를 제시하는 것은 어렵지 않다. 문제를 해결하기 위한 노력을 할 여유조차 없다면, 그 문제가 해결되지 않음으로써 발생하는 손해를 감당할 여유는 더더욱 없을 것이다. 또는 정말로 차라리 문제 해결을 포기함으로써 발생될 손해를 감수하는 편이 문제 해결을 위해 노력하는 커뮤니케이션에 치러야 할 비용보다 낫다고 판단했다면, 거기에서 깔끔하게 '굿바이'를 하면 그것으로 그만이지 상대방과 똑같은 요령부득의 태도로 어차피 들을 준비도 안 돼 있는 상대방에게 '분풀이'라도 하듯 내 입장을 되풀이해 강변할 필요는 전혀 없을 것이다. 꼭 필요한 일을 할 여유도 없다면서 그런 쓸데없는 짓을 할 여유는 어디에서 생겨난 것일까. 그러니 실은 여유가 없는 것이 아니라 상대방의 입장에서 상황을 헤아리고 싶어도 그 방법을 모르는 것이다.

몇 년 전, 어느 후배가 재미있는 우스갯소리를 가져온 일이 있다.

어느 고등학생과 대화를 하다가 "입장 바꿔 생각해봐라. 네가 나라면 그럴 수 있겠는지"라는 말을 하자, 맹랑한 고등학생 녀석이 이렇게 대꾸를 하더란다. "입장이 다른데 어떻게 바꿔요?" 어이없기는 해도 딴은 일리 있는 말이라고 배를 잡고 웃기는 했지만, 두고두고 씁쓸함이 남는다. 정색을 하자면, 차라리 그 고등학생이 솔직하다. 대부분의 어른들은 이런 경우에 그와 전혀 다르지 않을 제 속내는 감춰둔 채, 상대방에게만 '입장 바꿔 생각해달라'고 스스로도 실천하지 못하는 요구만을 되풀이해댈 것이다.

낯선 것은 무섭다?

말하기는 참으로 쉬운 '입장 바꿔 생각하기'가 실제로 어려운 이유는 다름이 아니다. 만일 모든 사람이 똑같은 상황에서 똑같은 반응을 보일 것이라고 기대할 수 있다면, 입장을 바꿔 생각할 필요 따위는 전혀 없다. 하지만 현실은 그렇지 않다. 사람마다 경험이 다르고 가치관이나 사고방식이 다르며 똑같은 상황에 대처하는 방법도 다양하다. 내가 가진 경험과 가치관, 사고방식, 상황 대처 방법은 그 다양한 모습 중의 하나일 뿐이다. 이 준엄한 사실 앞에서 겸손하지 못할 때, 세상 모든 일을 자기 경험의 잣대로만 해석하고 제 가치관과 사고방식에 비추어서만 이해하고 자신의 상황 대처 방법의 틀 안에서만 판단하려 할 때, "입장이 다른데 도대체 어떻게 바꾸란 말이냐?"는 항변만 남을 것이다.

　자신과는 전혀 다른 삶의 경험을 가진 사람, 자신과 가치관이나 사고방식이 다른 사람, 똑같은 상황인데도 자신과는 사뭇 다르게 대처하는 사람에게서 대뜸 친근감을 느낄 사람은 거의 없을 것이다. 우선은 거북한 이질감을 느끼는 것이 자연스러운 인지상정이다. 그런데 그 자체만으로는 전혀 이상할 것이 없는 이 '이질감' 앞에서 어떤 태도를 취하는가에 따라 '조정능력'의 차이가 생겨난다.

내가 경험한 바를 간추리자면(물론 내 경험조차 절대적인 것은 아니지만), 우리 사회에서는 대개 이 이질감이 이내 공포로 자리잡는 경우가 많고, 젊은 세대로 갈수록 그 정도가 점점 심해지는 것 같다. 혹시 그게 당연하지 않느냐고 반문하는 분도 있을지 모르지만, '낯선 것' 또는 '낯설어서 거북한 것'과 '낯선 것을 무서워하는 것'은 아무런 필연성이 없는 전혀 다른 차원의 문제다.

가령 나는 이질감이 공포보다는 호기심을 불러일으키는 경우가 더 많고, 그 '몹쓸 호기심' 탓에 굳이 겪지 않아도 될 고초를 자초한 일도 많았지만 그 덕에 경험세계가 풍부해진 것도 어김없는 사실이다. 물론 내가 무슨 대단한 별종이어서 '낯선 것'이 하나도 안 무섭다는 나 스스로도 믿지 않을 거짓말을 늘어놓으려는 것은 아니다. 실은 나도 무섭다. 그리고 가능하면 익숙한 것들 틈에서 살고 싶다. 그건 아주 원초적인 정서적 반응이기 때문에 논리적으로 설명될 수 있는 것이 아니다. 다만 나는 내 경험을 통해 알고 있을 뿐이다. 공포의 원인은 언제나 공포 그 자체일 뿐이라는 것을! 무의미한 동어반복으로 여겨질지도 모르겠지만, 무서워하니까 무서운 것이다. 다시 말해 무서워하지 않으면 더 이상 무섭지 않을 수 있다. 적어도 덜 무서울 수 있다.

게다가 역시 도저히 논리적으로 설명할 수는 없지만, '공포'를 압도하며 뭉클뭉클 솟아나는 '몹쓸 호기심'을 주체할 수 없기까지 하니…. 다시 '감수성의 비밀은 용기일 뿐이다!'

누구라도 머리로는 백 번이라도 끄덕일 역지사지易地思之를 한사코 가로막고 있는 것은 바로 이 '낯선 것'에 대한 공포다. 흔히 소통의 벽에 부딪힐 때 "무서워서 피하는 게 아니라 더러워서 피한다"고들 하지만, 실은 무서워서 피하는 것이다. 그 대상이 무서울 건 전혀 없다고 하더라도 적어도 그 접촉을 통해서 더러운(실은 자신이 '더러워하는') 것을 묻히는 것이 '무서운' 것이다. 더러운 것과 부대끼는 일이 달가운 일은 물론 아니겠지만 그렇다고 한사코 피할 만큼 무서울 일은 아닐 텐데도, 많은 사람들이 그렇게 하고 있을 때 정작 무서워하는 것은 그 '더러움'이 아닐지도 모른다.

사람은 누구나 지금까지 경험해보지 못했던 낯선 상황에서는, 지금까지 알고 있었던 자신의 모습과는 사뭇 다른 양상으로 그 상황에 대처할 수 있다. 무서운 것은 바로 그것이다. '내가 알고 있던, 내가 나라고 믿고 있던 나'와는 다른 '낯선 나'를 발견하는 것. 낯선 상황이나 낯선 사람, 낯선 대상이 아니라 너무나 익숙하다고 믿어왔던 자기 자신에게서 '이질감'을 느끼게 되는 것. 결국 언제나 문제는 자신의 존재를 세상 안에서 얼마나 상대화할 수 있는가이다.

그래서 애써 이질감에 대한 공포를 누르고 아무리 입장 바꿔 생각하려 해도, 도저히 그게 안 되는 경우도 얼마든지 있을 수 있다. 상대방의 입장에 서고 싶어도 '상대방의 입장'이 어떤 것인지 도무지 감이 안 잡히는 것이다. 그건 대개 상상력의 결핍 탓이다. 편집자는 언제나 '다른 가능성은 없는지'를 살피는 사람인데, '다른 가능성'을 상상해낼 밑천이 빈곤한 것이다.

대책 없는 순환논법이기는 하지만, 낯선 것에 대한 왕성한 호기심이야말로 상상력의 자양이다. 호기심이 공포에 압도당하는 상태를 방치하는 것은 자신의 상상력을 질식시키는 일이다. 물론 사람마다 인생관도 다르고 사는 방법도 다를 테니 그런들 어쩌겠는가. 누가 대신 살아줄 수 있는 것도 아닌데 왈가왈부할 일이 아니다. 다만 이렇게 묻고 싶을 뿐이다. 자기 자신에게 미안하지 않은가?

메타언어

앞에서 '자신의 입장'을 명료하게 하는 것과 '상대방의 입장'을 정확히 파악하는 것이 커뮤니케이션의 대전제라는 이야기를 했다. 어느 한쪽이라도 입장이 없거나 분명하지 않을 때 커뮤니케이션은 소모적이 된다. 하지만 현실은 그보다 훨씬 더 복잡하다. 그다지 다르지 않은 입장들 사이에서도 때때로 피곤하기만 한 소모적인 입씨름이 끝도 없이 이어지기도 한다. 사람이 감정을 가진 동물이다 보니 대화가 진행되는 과정에서 애초에 왜, 도대체 무엇을 위해 시작한 대화였는지를 '잊어먹고' 상대방의 말꼬리만을 붙들게 되면서 일어나는 현상이다. 게다가 애초에 입장이 크게 다르지 않았다면 쟁점이 어느 정도 해소되는 데는 그리 많은 시간이 걸리지 않는다. 그러고 나면 사실상 대화를 더 진행시킬 내용이 없는데도 무엇인가 흔쾌하지 못한 느낌 때문에 제대로 마무리를 짓지 못하면서 오히려 핵심 쟁점과는 아무런 상관이 없는 엉뚱한 계기로 비약이 이루어지는 것이다.

편집자는 사회자다

세상에 존재하는 모든 입장 차이는 커뮤니케이션을 통해 해소되거나 최소한 간극을 좁힐 수 있는가. 물론 당연히 그렇지 않다. 어떤 커뮤니케이션을 통해서도 결코 해소될 수 없는 입장 차이는 얼마든지 있다. 가령 유신론자와 무신론자가 '신의 존재 여부'를 둘러싸고 밤새도록 논쟁을 주고받는다고 해서 조금이라도 서로의 입장이 수정되는 것을 본 일이 있는가. 이런 문제는 애초에 쟁점으로 삼는 것이 어리석은 일이다. 다만 우리는 커뮤니케이션을 통해서 상대방의 입장을 좀더 잘 이해할 수 있을 뿐이다.

어차피 좁혀지지도 않을 입장 차이를 이해한다는 것이 도대체 무슨 의미가 있는가. 결론부터 말하자면 실은 매우 큰 의미가 있다. 그것을 이해함으로써, 기술적으로 해소가 가능한 입장 차이를 실제로 해소해낼 수 있는 실마리를 얻을 수 있기 때문이다. 쟁점이 될 만한 영역에서는 사실상 별다른 의견 차이 없이 금세 합의에 도달할 수 있는 상황에서도 그 뻔한 결과 앞에서 왠지 흔쾌하지 못한 것은 대개 애초에 쟁점이 될 수 없는 문제를 과감하게 떨쳐내버리는 데 실패한 탓이기 쉽다. 문제를 해결하기 위해 커뮤니케이션을 하고 있다면 그 대화가 진행되는 동안 단 한 순간도 쟁점이 정확히 무엇인지를 잊어서는 안 되는 것이다. 혹시라도 조금이라도 쟁점과는 상관이 없는—대개는 아예 쟁점이 될 수조차 없는 문제로 비약이 일어나면 곧바로 정신을 추슬러 쟁점으로 돌아오려는 의식적인 노력이 필요하다.

이렇게 쟁점을 환기하는 역할을 위해 당사자가 아닌 제삼자가 개입한다면 좀더 효율적인 커뮤니케이션이 가능하다. 텔레비전 토론 프로그램에서 사회자가 수행하는 역할이 바로 그것이다. 하지만 일상적인 커뮤니케이션 상황에서 일종의 사회자를 사이에 두는 격식을 갖추어 대화가 진행되기를 기대하기는 어렵다. 그렇다면 거꾸로 접근해보자. 따로 사회자의 역할을 개입시키지 않고 오로지 입장이 서로 다른 당사자들 사이에서만 커뮤니케이션이 진행된다 하더라도, 참여자 각자가 모두 사회자에게 요구되는 태도로 대화에 임한다면 얼마든지 효율적인 커뮤니케이션이 이루어질 수 있다. 다시 말해 자기 자신의 입장을 피력할 때는 (마치 사회자가 있다면 당연히 그렇게 해야 하듯이) 쟁점이 무엇인지 명료한 언어로 정리해주고, 상대방의 입장을 들을 때도 마찬가지로 상대방의 입장이 나와 어떻게 같고 어떻게 다른지를 명료한 언어로 간추려주고 제대로 정리한 것인지를 상대방에게 확인하는 과정을 끈기를 갖고 수행하면 된다. 이 역할을 잘 해내는 것이 바로 '조정능력'이다.

이때 사회자의 역할을 하기 위해 구사하는 언어는 입장 차이를 가진 당사자가 자신의 입장을 피력하기 위해 사용하는 언어와는 층위가 다르다. 일종의 메타언어라고 할 수 있는데, 조정능력의 우열 차이는 바로 이 메타언어를 얼마나 잘 구사하는가에 달려 있다. 손석희 씨처럼 사회자의 역할을 매우 훌륭하게 수행하는 토론 프로그램 진행자들을 잘 살펴보면 이 점을 쉽게 확인할 수 있다. 거꾸로 말해 커뮤니케이션에 문제가 있다는 이들에게서 찾아낼 수 있는 공통점은 메타언어를 구사하는 데 익숙지 못하다는 것이다. 두 번 말하면 잔소리지만, 편집자의 조정자로서의 위상이란, 오케스트라의 지휘자에 비유되기도 하듯이, 각기 다른 입장 속에서 출판과정에 참여하는 모든 이해 당사자의 '사회자'이다.

자기 자신과 대화하기

메타언어란 '자기설명적'인 언어다. 예를 들어보자. 출판 제작과 관련된 어느 실용서에서 "불량 종이는 어떻게 구분하나요?"라는 문장을 본 적이 있다. 아무래도 어색한 문장이다. 이 경우에는 '구분'이라는 단어보다는 '구별'이라는 단어를 사용하는 것이 훨씬 더 적절하다는 것을 직관적으로 알 수 있다. 하지만 '구별'과 '구분'의 의미가 어떻게 다른지를 따져 그 직관의 타당성을 설명하기란 쉬운 일이 아니다. 또는 "그 사람은 빨간 구두를 한 켤레 샀다"와 "그 사람은 빨간색 구두를 한 켤레 샀다"라는 두 문장은 뉘앙스에서 미묘한 차이가 있고 약간만 주의를 기울이면 그 차이를 직관적으로 감지할 수도 있지만, 그 뉘앙스가 어떻게 다른지를 구체적으로 설명해보라고 한다면 난감해질 것이다. 이때 '구분'과 '구별'이 어떻게 다른지, '빨간 구두'와 '빨간색 구두'가 어떻게 다른지를 설명해주는 언어가 메타언어이다.

눈치 빠른 독자들이라면 짐작했겠지만, 메타언어는 비단 조정능력을 위해서만 필요한 것이 아니다. 앞서 '가공능력 비판'을 마무리지으면서 결국 가공능력이란 조정능력으로 수렴된다고 지적하기도 했거니와, 메타언어를 능숙하게 구사한다는 것은 섬세한 가공능력의 핵심적 관건이기도 하다. 편집자가 일종의 '비평가'라는 것은 주지의 사실(이제는 널리 알려진 경구이지만, 편집자에게는 '비평가의 눈과 농부의 손과 시인의 가슴'이 필요하다던가)이지만, 비평언어야말로 대표적인 메타언어이다. 편집자에게는 비평가의 '눈'만 필요한 것이 아니라 그 '눈'을 외화해낼 비평가의 '언어'가 필요하다.

메타언어를 다루는 데 익숙해지기 위해서는 어떤 훈련이 필요할까. 메타언어가 '자기설명적'인 언어라는 데 주목한다면 그 답을 어렵지 않게 찾을 수 있다. "나는 이렇게 생각한다" 또는 "나는 일이 이렇게 진행되기를(또는 당신이 내게 이렇게 해주기를) 원한다"라는 말은 누구나 할 수 있다. 이러한 자신의 1차적인 언설을 메타적으로 설명해낼 수 있으려면, 스스로 납득할 수 있을 때까지 "내가 왜 그렇게 생각하게 되었는지" 또는 "내가 왜 다른 어떤 것도 아닌 그것을 원하는지"를 끈질기게 캐묻고 스스로 대답하는 '내면적 대화'의 과정이 필요하다. 바로 그러한 과정이 앞에서도 언급했던 '성찰'이다.

이때 '자기설명'이란 '자기변명'과는 다르다. "그렇게 생각하니까 그렇게 생각한다"거나 "그렇게 되기를 원하니까 원한다"는 식의 동어반복은 '자기설명'이 아니다. 위의 예를 다시 끌고 오자면, "구별되는 것은 구별이고 구분되는 것은 구분이다"이라거나 "빨간색 구두는 말 그대로 빨간색 구두이고 빨간 구두는 빨간 구두이다"라고 말하는 것은 기실 아무 의미가 없다. 동어반복이 좀 복잡하게 변형된 것으로 순환논법도 있다. "A는 B이다"라고 설명하고 나서 "B는 A이다"라고 되짚어 설명하는 식이다. 사실상 무의미한 동어반복이나 순환논법을 메타언어라고 착각하게 되면 아무리 기를 쓰고 고민한 '자기설명'도 결국 '자기변명'에 불과하게 된다.

내가 보기에, 사회적 커뮤니케이션에 애로를 겪는 대부분의 사람들은 단지 '타인과의 대화'에 서투른 것이 아니라 그 이전에 '자신의 내면과 대화'하는 데 익숙지 못한 것 같다. 자신을 납득시키기에도 설득력이 모자라는 내용으로 하물며 다른 사람을 어떻게 설득하겠는가. 그런데 '자신을 납득시킨다'는 말을 들으면 고개를 갸웃거릴 사람들이 꽤 많을 것 같다. '나'는 이미 '나'이고, '내 생각' 자체가 이미 말 그대로 '내 생각'이지 '다른 누구의 생각'도 아닌데, 도대체 '나를 납득시킬' 필요가 어디 있단 말인가. 대충 이런 반문이 떠오르는 것도 무리는 아니다. 자기 자신에게 스스로를 설명할 필요를 느끼지 못한다는데, 더 이상 덧붙일 말이 궁색하기는 하다.

다만 이렇게는 이야기할 수 있을 것 같다. 모든 사람이 '비평가'나 '사회자'가 될 필요는 없을지 모른다. 모든 사람에게 그런 내면적 성찰능력을 요구하는 것은 어쩌면 무리인지도 모른다. 하지만 조정능력이 필수적으로 요구되는 편집자에게라면, 누군가가 편집자로 살고자 한다면, 자신의 외부에 있는 '대상'에 대해서만이 아니라 그 이전에 자기 자신에 대해서 메타적인 시야를 확보하는, 즉 '설명되는 자신'과 '설명하는 자신'을 의식적으로 분리하는 훈련이 반드시 필요하다. 자신의 삶에 대해 스스로 '사회자'의 지위를 확보하는 데서부터 곤란을 겪어서야 어떻게 자신과 입장이 다르고 때로 충돌하기까지 하는 수많은 다른 사람들 틈에서 '사회자'의 역할을 감당할 수 있을까. 그것은 거의 만용에 가까운 '자기기만'이다.

내가 늘 강조해 마지않는 '(편집 일을 하는 것이 아니라) 편집자로 사는 것'이라는 말도 이런 맥락에서 나온 것이다. 자신의 삶조차 제대로 편집해내지 못하는 사람이 어떻게 감히 다른 사람의 정신적 소산임에 분명한 텍스트를 편집하겠다는 엄두인들 낼 수 있단 말인가. 가령 '교열'이라는 미명 아래 숱한 '훼손'들이 일어나는 것도 결국 텍스트로 표현된 저자의 정신을 대화의 상대방으로 인정하는 데 인색하기 때문이다.

그런데 텍스트를 일방적인 가공 대상으로만 여기는 이런 태도는 실제로 조정능력을 발휘해야 하는 일상적인 커뮤니케이션 상황에서도 고스란히 드러나게 마련이다. 그래서 원활한 커뮤니케이션을 위해 기껏 노력한다는 것이 '공학적인 접근'이다. 커뮤니케이션 과정에서 자신의 입장도 얼마든지 수정될 수 있다는 열린 가능성 속에서 대화를 통해 입장 차이를 해소하려는 게 목적이 아니라, 어떻게 해서든 내 입장의 후퇴는 최소화하는 가운데 상대방의 양보를 최대한 이끌어낼 방법에 골몰하게 되는 것이다. 상대방이 바보가 아니라면 대화는 처음부터 불가능하다. 나아가 상대방도 나와 똑같이 공학적인 접근에 매몰된다면, 서로가 서로를 대상화하는 가운데 결국 현실적인 힘을 누가 더 많이 가졌는가만이 입장 관철의 관건이 될 것이다. 공학은 필연적으로 역학으로 귀결할 뿐이다. 유감스럽게도 '힘자랑'은 커뮤니케이션이 아니다.

자신의 내면과 대화하는 데 익숙한 사람은 다른 사람과의 대화에서도 좀체로 '힘자랑'으로 치닫지 않는다. 그도 그럴 것이 누구나 '나'

에게는 자기 자신이 다른 그 무엇보다 소중할 터이고 그토록 소중한 자신을 대상으로 '힘자랑'을 하려 들 사람은 없을 것이다. 그런 태도가 자연스럽게 자신을 넘어서 다른 사람에게까지 확장될 때 비로소 커뮤니케이션이 가능해진다. 스스로에 대한 존중이 체화된 사람만이 다른 사람을 존중할 수 있으며, 자신을 진지한 대화의 상대방으로 삼아 스스로조차 선뜻 납득되지 않는 자신의 낯선 모습과 대면하기를 두려워하지 않는 사람만이 그 연장선에서 다른 사람과 진지하게 대화에 나설 수 있다.

양가감정 다스리기

'설명하는 자신'과 '설명되는 자신'을 분리할 수 있게 됨으로써 여러 가지 유익한 결과들이 도출될 수 있지만 그 가운데 가장 두드러지는 점을 꼽으라면 나는 주저 없이 '양가감정'의 문제를 지적하겠다. 일상적인 커뮤니케이션의 맥락에서 생산적인 대화를 방해하는 요인 중에 가장 다루기 까다로운 것이 바로 '양가감정'이다.

다른 사람의 말을 그 사람의 입장에서 열린 마음으로 진지하게 귀기울여 들으려 해도, 도저히 무슨 말을 하려는지 종잡을 수 없을 때가 있다. "그러니까 당신은 내가 이렇게 해주기를 원한다는 거지요?"라고 물어도 "바로 그거야"(또는 "절대 그건 아니야")라고 대꾸하고, 정반대로 "내가 이렇게 하면 안 된다는 거지요?"라고 물어도 "바로 그거야"(또는 "절대 그건 아니야")라고 대꾸가 돌아오는 일은 일상에서 심심찮게 마주칠 수 있다. 그럴 때 대부분의 사람들은 "도대체 어쩌란 말이야?"라고 짜증을 내게 마련이지만, 숨을 고르고 차분하게 자신을 한번 돌이켜보라. 자신도 상대방과 전혀 다르지 않은(혹 사람에 따라 약간의 정도 차이는 있을망정) 양가감정의 덩어리일 뿐이라는 처연한 사실에 직면하게 될 것이다. 나는 또 나 자신의 어쩔 수 없는 양가감정 때문에 얼마나 많은 사람들을 이처럼 난감한 처지에 빠뜨려왔던가.

단언컨대, 자신의 양가감정을 다스리기 위해 끈기를 갖고 치열하게 씨름해본 경험이 있는 사람은, 적어도 그렇지 않은 사람보다 다른 사람의 양가감정에 대해서도 쉽사리 자신의 입장에서 넘겨짚지 않고 좀더 끈기를 발휘할 수 있다. 자신의 양가감정 앞에 투명해지는 것이 얼마나 어려운 일인지 알고 있는 사람은, 다른 사람의 양가감정에 대해서도 상대방이 투명해질 수 있도록 여유를 가지고 도움을 줄 수 있다. 반대로 자신의 양가감정을 마주하기를 회피하면서 깊이 고민하기보다는 제 편한 대로 또는 기분 내키는 대로 내린 결론으로 스스로를 속이는 데 익숙한 사람은, 다른 사람의 양가감정을 마주칠 때도 어쩔 줄 몰라 하며 우왕좌왕하거나 상대방의 복잡미묘한 입장을 순전히 제 편할 대로 자기가 듣고 싶은 대로 재단해버리고는 그것이 마치 움직일 수 없는 사실인 양 거의 윽박지르듯 강요하기까지 하는 어리석음을 범하기 쉽다.

텍스트에 대한 태도도 마찬가지다. 기실 자신과 대화하는 데 가장 유력한 매개는 독서다. 책을 읽는다는 것은 단순히 책에 씌어 있는 (이전에는 몰랐던) 내용을 알게 되는 것만을 의미하지 않는다. 그 내용이 자신의 삶에 던지는 질문에 진지한 대답을 마련하는 대화의 과정이 독서이다. 어떤 외부의 정보(자극)에 대해서도 그것을 자신을 향한 질문으로 변형시킬 줄 안다는 것, 바로 거기에서부터 메타언어를 창출하는 메타적 시선이 시작된다. 그 수많은 질문들이 '나'를 그저 '나'인 채로 내버려두지 않고 치열하게 '자기설명'을 하지 않을 수 없도록 이끌어줄 것이다.

관성에 저항하기

한국방송의 개그 프로그램 〈개그콘서트〉의 「할매가 뿔났다」라는 코너에는 단순히 말귀를 잘 못 알아듣고 엉뚱한 소리를 하는 '사오정'을 뛰어넘는 좀더 심각한 소통 장애가 소재로 등장한다. 혹시 모르시는 분들을 위해 잠시 소개하자면, 장동민 씨가 연기하는 '할매'의 캐릭터가 이런 식이다. 가족들이 모여 노래방에 가서 노래를 부르니 며느리가 "노래를 잘 하신다"며 "가수 하라"고 했다면서 마구 화를 낸다. "돈벌이를 시키려고 한다"는 것이 화를 내는 이유다. 예쁜 옷을 사줘도 "이 나이에 성희롱 당하라고 그런다"며 화를 내고, 값비싼 선물을 해도 "부담돼서 죽으라고 그러는 거"라는 식이다. 그의 말만 들으면 화면에 한 번도 등장하지 않는 며느리의 일거수일투족이 모두 그를 해코지하려는 행동이다. 이런 캐릭터가 웃음을 유발하는 개그의 소재가 될 수 있는 것은, 다소 극단적으로 과장되었다 뿐이지 대중들이 일상생활에서 흔히 접하는 상황이기 때문이다. 사람은 누구나 정도 차이는 있을망정 상황을 '있는 그대로' 인식하지 못한다. 얼마간은 자신이 믿는 바대로 보거나 듣는다.

동굴의 우상

코미디가 아닌 실제 상황을 예로 들면 좀더 실감이 날까. 지난 2007년 2월, 사기 혐의로 구속된 어느 30대 여성은 무려 10년 동안이나 가족들에게까지 자신이 '기관원'이라고 신분을 속이며 사기행각을 벌였다 한다. 그런데 더 황당한 건 '피해자'임에 분명한 그의 친지들은, 그것이 치밀하게 짜여진 '사기극'이라는 것이 백일하에 드러난 뒤에도 그 사실을 좀체로 인정하지 않았다고 전해진다. 그가 여전히 '공개적으로 밝힐 수 없는 특수임무를 수행하는 비밀요원'이며, 그가 사법적인 처벌을 받는 것도 그의 임무와 관련된 더 큰 비밀을 감추기 위해 불가피한 일시적 조치라고 굳게굳게 믿는다고 해서 혀를 차게 했던 기억이 새롭다. 이것은 이들의 사고가 자기순환적인 폐쇄회로에서 빠져나오지 못하기 때문에 일어나는 현상이다. 하기는 한두 푼도 아닌 억대의 금액을 감쪽같이 사기당했다고 인정하느니 차라리 자신들로서는 도저히 알 수도 없고 알아서도 안 될 말 못할 사정이 있으리라고 믿어버리는 편이 마음은 편할 것이다.

　흔히 숱한 '음모론'에서 전형적으로 나타나는 이런 폐쇄회로에 일단 빠져들면 객관적인 상황 판단이 불가능해질 것은 자명한 일이지만, 더욱 곤란한 일은 정상적인 커뮤니케이션이 불가능해진다는 것이다. 그의 '믿음'에 대해 어떤 반증을 제시한다 해도, 그 모든 객관적 증거조차 오히려 기존의 '믿음'을 지지하는 강력한 근거로 환원시켜버리는 비상한 재주를 발휘하기 때문이다. 이런 폐쇄회로가 심지어 어떤 상황이 아니라 어떤 사람, 커뮤니케이션의 상대방을 향해 작동하게 되면, 바로「할매가 뿔났다」의 요령부득이 돼버린다. 사람이 사람에 대해 호오의 감정을 가지는 것은 자연스러운 일이지만, 그게 지나쳐 싫은 사람은 무슨 예쁜 짓을 해도 또 다른 트집거리가 될 뿐이고 맘에 드는 사람은 무슨 못된 짓을 해도 '인간적인 매력'(사람이 완벽하면 인간미가 떨어진다나?)이 될 뿐이라면, 제대로 된 조정능력을 기대하기는 어려워진다. 너무나 자연스럽게 생겨나는 사람에 대한 호오의 감정을 스스로 어떻게 균형 있게 통제할 것인가야말로 조정능력의 핵심적인 관건이다.

극장의 우상

대학 시절, 학과 동기들과 조악하게나마 연극을 만들어 무대에 올린 적이 있었다. 연출 공부를 한답시고 극단을 기웃거리기도 하고 또 '선동'을 목적으로 하는 공연물을 준비할 때마다 이런저런 참견을 해왔던 터수라 연출의 역할이 내게 맡겨졌다. 남자 주인공이 손에 들고 있던 컵을 떨어뜨리는 장면이 있었는데, 실제 공연에선 바닥에 떨어지면서 깨져야 할 컵이 깨지지 않고 또르르 굴러버려 '확 깨는' 사태가 발생했다. 그것만으로도 울고 싶은 심정이었는데, 그게 끝이 아니었다. 무대 위에서 저 혼자 굴러다니던 컵이 전혀 맥락이 닿지 않는 엉뚱한 장면에서 누군가의 발에 차여 그만 요란한 소리까지 내며 깨져버리는 통에 또 한 번 '확 깨는' 사태가 벌어진 것이다. 자못 심각한 내용의 연극에서 이런 '학예회 수준의 해프닝'이 두 번이나 벌어지니 그저 죽고 싶을 따름이었다.

학생들이 연극을 만들어 무대에 올리는 게 기특하다며 준비과정에서 크고작은 도움을 주시던 희곡론 교수님이 뒤풀이 자리에까지 함께 어울렸다가, 내가 그 해프닝이 속상해서 투덜거리는 것을 듣고는 혀를 차며 "별것도 아닌 일을 가지고 유난을 떤다"고 나무라셨다. 연출자가 무대 위에서 일어나는 모든 것을 완벽하게 통제할 수 있고 또 그래야 한다는 완결성에 대한 강박에서 벗어나라는 취지였다. 정작 관객 입장에서는 별로 신경 쓰지도 않는 문제에 연출자가 자기 입장에서 너무 집착하는 거 아니냐는 핀잔이 뒤따랐다. 물론 이왕 끝난 공연이니 위로 차원에서 하신 말씀일 수도 있겠으나, 편집 일을 하면서 이때의 가르침이 다른 울림으로 자꾸만 상기되곤 한다.

편집자들 중에는 사회적 평균에 비추어 고지식한 성격을 가진 사람들이 꽤 많다. 이 일이 주는 긴장을 감당해내려면 어느 만큼은 고지식해야 하리라는 것도 충분히 짐작할 수 있는 일이다. 하지만 거기에 함정이 있다. 편집자라면 누구나 머릿속에 작업과정을 치밀하게 그려보는 일에 익숙하지만, 고지식한 사람들은 실제 상황이 자신이 머릿속에서 그렸던 모습대로 진행되지 않을 때 당황해서 어쩔 줄 모르거나 의기소침해져서 전전긍긍하기 일쑤이다. 실제로 벌어진 상황을 새로운 조건으로 수용하면서, 주어진 조건에서 가장 일이 잘 되게 하는 방법을 찾기 위해 다시 그림을 그려내는 것이 아니라, 어떻게든 애초에 머릿속에 그렸던 모습으로 상황을 되돌리려 애쓰는 경향을 보인다는 것이다. 그리고 상황을 되돌이킬 수 없다는 사실에 짜증을 내며 어딘가에 분풀이를 하려 들기까지 한다.

예컨대 배가 풍랑을 만나 항로에서 이탈했을 때 선장이 해야 할 일은 분명하다. 현재 위치를 정확히 파악했다면 현재 위치에서 목적지로 가는 가장 효과적인 방법을 찾아야 하고 그러기 위해 필요하다면 계획에 없던 기착지를 설정하여 잠정적으로 목적지를 변경할 수도 있다. 중요한 것은 목적지에 도달하는 것이지 애초의 항로를 고수하는 것이 아니다. 그런데도 많은 편집자들이 조금이라도 항로에서 벗어나는 것을 못 견뎌하고, 상황 변화로 인해 더 이상 별다른 의미가 없어져버린—실은 제 머릿속에만 있었던 항로로 되돌아가기 위해 수많은 무리를 감행한다.

그러한 무리수들이 편집자에게 훨씬 더 치명적인 것은, 편집자가 작업과정에서 커뮤니케이션을 해야 하는 수많은 사람들은 선장의 지휘를 받는 선원도 아니고 동선 하나하나까지도 리허설을 되풀이해가며 확인된 연출자의 계획대로 움직이는 스태프나 배우도 아니기 때문이다. 편집자는 영화의 감독이나 연극의 연출자, 오케스트라의 지휘자와 유사한 역할을 하지만, 그들과는 달리 그 누구도 편집자에게 그러한 권위를 제도적으로 부여하거나 위임한 바가 없다. 그것은 오로지 편집자가 작업과정에서, 관계 안에서 스스로 확보해야만 하는 역할이다.

아는 것이 힘이다!

어줍잖게 프란시스 베이컨을 끌어들여 '동굴의 우상'과 '극장의 우상'에 비유하긴 했지만, 이러한 우상들은 결국 스스로 만든 것이다.

사람은 누구나 사고의 틀을 가지고 있다. 그 틀이 없다면 사고가 불가능하지만, 그 틀은 사고의 유연한 확장을 가로막는 가장 치명적인 덫이기도 하다. 이것이 그 자체로 판단능력에 관한 진술이라면, 이것을 조정능력에 관한 진술로 변형시킬 수도 있다. 사람은 누구나 관계의 틀을 가지고 있다. 그 틀이 없다면 관계가 불가능하지만 그 틀은 관계의 유연한 진전을 가로막는 가장 치명적인 덫이기도 하다. 일단 만들어진 틀에는 그것을 계속 유지하려는 관성이 강력하게 작용한다. 그 관성에 얼마나 저항할 수 있는가, 또 그러한 저항의 힘을 스스로 어떻게 만들어가는가, 그것은 판단능력에도 가공능력에도 조정능력에도 공통적으로 해당하는 에디터십 업그레이드의 핵심 과제이다.

이왕 베이컨을 끌어들였으니, 그의 해법에 먼저 귀를 기울여보자. 네이버 백과사전에 따르면 "이러한 현상은 다른 사람의 지각知覺이나 경험과 비교함으로써 정정된다고 한다." 그런 비교는 어떻게 이루어지겠는가. 문제는 다시 커뮤니케이션이다. 동어반복으로 보일지도 모르지만, 이때의 커뮤니케이션은 애당초 내가 이 글의 주제로 한정했던 그 '(문제 해결을 위한) 커뮤니케이션'이 아니다. 문제를 해결하기 위한 목적이 분명한 커뮤니케이션을 잘하기 위해서는, 그 이전에 축적된 다양한 커뮤니케이션의 경험이 전제된다는 의미이다. 베이컨이 "아는 것이 힘이다"라는 유명한 경구를 남겼던 것을 떠올려보자. '우물 안 개구리'는 왜 '우물 안 개구리'일 수밖에 없는가. '우물 밖'의 세상을 모르기 때문이다.

큰 인기를 끌었던 드라마 〈베토벤 바이러스〉의 한 장면을 떠올려보자. 오보에의 소리가 제대로 안 나자, 지휘자는 연주자에게 아침에 뭘 먹었냐고 꼬치꼬치 캐묻더니 기어코 디저트로 참외를 먹었다는 대답을 이끌어내고는 마우스피스에 참외씨가 끼었는지 확인해보라고 한다. 악기 관리는 물론 연주자의 몫이지만, 그렇다고 소리가 이상하게 난다는 결과만을 놓고 제대로 못하냐고 타박하기만 하는 것은 효과적인 커뮤니케이션이 아니다. 다행히 연주자가 스스로 원인을 찾아낸다면 가장 좋겠지만, 내 일 네 일을 떠나서 도울 수 있다면 돕는 것이 일의 진행을 더 매끄럽게 할 것이다. 그런데 돕고 싶은 마음은 굴뚝같다 해도 뭘 알아야 거들든 말든 할 것 아닌가. 더구나 드라마에서 오보에 연주자는 아마추어도 아니고 수십 년 동안이나 연주를 했으며 지휘자보다 나이도 한참 많은 베테랑이었다. 지휘자의 캐릭터를 부각하기 위한 다소 과장된 설정이기는 하지만, 그는 전문 연주자도 기꺼이 인정할 수 있을 만큼 악기와 악기에서 생길 수 있는 사소한 문제에 대해 풍부한 경험/지식을 가지고 있었던 것이다.

편집자는 물론 저자도 아니고 디자이너도 아니며 전문적인 마케터도 인쇄기술자도 아니다. 하지만 그 모든 영역에서 생겨날 수 있는 문제들에 대해 구체적으로 알고 있지 못하다면, 결코 그 문제에 관해 효과적인 커뮤니케이션을 할 수 없다. 그리고 이것은 고스란히 그의 사고틀과 관계틀을 '우물 안'에 가둬놓게 된다. 마땅히 매끄럽게 진행되어야 할 일이 문제에 부딪혔다면 그것은 오로지 저자의 게으름이고 디자이너의 무능이며 마케터의 욕심이고 인쇄소의 몽니에 불과하다는 지극히 자기중심적인 '우물' 말이다.

이것은 경영자나 상급관리자와의 커뮤니케이션에 대해서도 마찬가지다. 간혹 북에디터에 올라오는 글들 중에 너무나 딱해서 혀를 차게 만드는 내용들에서 공통적으로 확인할 수 있는 것이 바로 이런 종류의 막무가내이다. 현재 당면하고 있는 현실이 자신이 막연히 꿈꾸던 모습과 확연히 다를 때, 미처 그런 상황을 예측하지 못할 정도로 일천했던 자신의 협소한 경험세계를 반추하면서 그 불행조차도 경험을 확장할 수 있는 새삼스러운 계기로 활용하려 하기보다는, 자신을 그런 궁지로 몰아넣은 누군가를 비난하기에만 온통 정신이 팔려 있는 것이다. 매사를 관성적으로 단순화하면 속은 편할지도 모르겠다. 또는 그렇게 한바탕 퍼부어대고 나면 속이 후련해질지도 모르겠다. 하지만 그에게는 성장의 기회가 없을 것이다. 오해 없기를 바란다. 그래서 그들이 지목한 누군가가 비난받을 만한 일을 하지 않았다는 뜻이 결코 아니다. 상대방의 부당함이 저절로 나의 정당함을 뜻하지는 않는다는 의미일 뿐이다.

'우물 안 개구리' 탈출하기

언젠가 어느 초보 편집자로부터 이런 상담편지를 받은 적이 있다. 편집장이라는 사람이 구체적인 업무 지시도 하지 않고 원고뭉치만 툭 던져놓고는 그걸로 그만이더라는 것이다. 바쁘면 그럴 수도 있으려니 하겠는데, 하루종일 게임만 하다가는 사장이 뭔가를 지시하면 그제야 마지못해 일을 하기는 하는 것 같은데 그게 꼭 퇴근시간 직전이라 제때 퇴근을 안 하니 자기도 덩달아 눈치보느라 퇴근을 못하고 무슨 일을 해야 할지도 모르는 채로 책상을 지키게 된다는 것이다.

사실이라면 정말 '걸려도 된통 걸린' 셈이지만, 나는 이것이 어쩌면 오해일지도 모른다고 생각했다. 이 바닥에서 일하면서 절대로 '한쪽 말만 듣고는 함부로 판단하지 말자'는 철칙을 세워놓은 지도 오래이다. 게다가 곰곰 돌이켜 생각해보니, 혹시 나와 함께 일했던 후배 편집자 중에서도 나에 대해 그런 생각을 하지 않았으리라는 보장이 전혀 없더라는 데 생각이 미치기도 했다. 나도 해야 할 일이 산더미인데도 막상 일이 손에 잡히지 않아 하루종일 웹서핑이나 게임만 하고 있었던 날이 꽤 있었고, 심지어 후배들에게 일을 시키는 스타일도 시시콜콜 지시를 하기보다는 일단 맡겨놓고 나서 나중에 부족한 부분을 점검하는 쪽에 가깝다. 특히 출판학교에서 학생들을 대할 때도 이런 스타일을 고수했는데, '사자새끼를 절벽에서 떨어뜨리기'라고 자평하곤 한다. 그러니 내가 뭐라고 했을까. 일단 그분과 그 문제를 놓고 허심탄회하게 의논해보라고 권했다.

그런데 대부분의 사람들은 바로 이 대목에서 처참하게 실패한다. 그야말로 '열린 마음으로 진지하게' 대화할 자세가 되어 있다 해도, 산골 소년에게 도시나 바다를 설명하기란 쉬운 일이 아니다. 그나마 가장 긍정적인 이해가 이루어진다 해도, '장님 코끼리 만지기'가 고작일 것이다. 그러나 누구에게나 자신이 당면하고 있는 문제는 그보다 훨씬 더 구체적이고 절박하게 마련이므로, 장님 코끼리 만지는 정도의 이해로는 별반 설득의 효과가 없기 십상이다. 그래서 영화〈실미도〉의 유명한 대사가 일세를 풍미하는 유행어가 된 것일 게다. "비겁한 변명

일 뿐입니다!" 그리고 그렇게 우리는 한 발 더 깊이 자신의 우물 안으로 빠져들어간다.

나는 머리가 아니라 몸이 움직여야 한다고 생각하는 편이다. 산골 소년에게는 바다나 도시를 설명해줄 필요가 없다. 그저 도시나 바다로 데려가 직접 보게 하면 된다. 그래서 훌륭한 편집자는 그 자신이 적어도 다만 한순간이라도 실제로(!) 저자이며 디자이너이며 마케터여야 한다. 내가 '편집자는 한 사람 한 사람이 독립적인 사업단위'라고 편집자의 위상을 일깨우는 것도 다만 한순간이라도 경영자의 눈으로 출판을 바라보라는 의미이다. 굳이 다른 누가 떠밀지 않더라도 스스로 기꺼이 벼랑에서 떨어지는 사자새끼가 되랄밖에!

1달러짜리 지폐를 갖기 위해 얼마를 지불해야 할까

인간관계에도 관성이 작용한다. 첫 단추가 잘못 끼워진 관계는 여간해서 되돌리기가 어렵다. 흔한 말로 "지난 일은 모두 덮고" 새롭게 관계를 다시 열어가보자는 식의 의기투합이 대개는 입에 발린 덕담 이상의 의미를 가지기 어려운 것도 그 때문이다. 누구나 다른 사람과의 관계에서는 크고작은 상처를 받게 마련인데, 그걸 모두 "없었던 일"로 치부하자면 가장 먼저 드는 느낌은 일종의 '억울함'일 것이다. 상황을 정확하게 판단하는 능력이 남다른 사람조차도 조정능력이 난조에 빠지곤 하는 가장 큰 까닭도 여기에 있을 것 같다.

얼마 전 『매드 사이언스 북』(뿌리와이파리)을 읽다가 이 문제에 의미심장한 시사를 던지는 실험 하나를 발견했다. 1970년 펜실베이니

아 대학의 앨런 테거가 이 실험을 시도하게 된 것은, 가령 당시의 미국이 베트남전쟁에서 (승리한다 해도) 얻게 될 이득보다 전쟁을 치르는데 들어가는 비용이 이미 더 많아졌는데도 발을 빼지 못하고 있는 상황을 알기 쉽게 설명해보기 위해서였다고 한다. 실험은 간단하다. 평범한 1달러짜리 지폐 하나를 놓고 경매를 벌인 것이다. 1달러짜리 지폐를 얻기 위해 1달러 이상을 지불하는 것이 바보짓이라는 것은 자명하다. 그런데 이 경매에는 한 가지 규칙이 더 있었다. '최고가 낙찰 방식'인 것은 일반적인 경매와 다르지 않지만, 낙찰이 결정되면 두 번째로 높은 가격을 제시한 사람은 (경매 대상 물건인 지폐를 가져가지 못하는데도) 자신이 제시한 금액을 지불해야 한다는 것이다.

이렇게 되면 가장 높은 가격을 제시한 두 사람은 모두, 적정한 선에서 입찰을 포기함으로써 상대방에게 지폐를 양보할 수 없는 상황에 빠져들게 된다. 자신이 최종적으로 제시했던 금액을, '매우 억울'하게도, 아무 대가 없이 지불해야 하기 때문이다. 내가 보기에는, 설령 그렇다 해도 합리적인 사람이라면 2달러 이상을 제시하기는 어려울 것 같았다. 그러나 결과는 그보다 더 심각했다. 테거는 이 실험을 40회 이상 실시했는데, 1달러 이하로 낙찰이 된 적은 한 번도 없었고, 심지어 20달러까지 올라간 적도 있다고 한다.

바보 같은 짓인 줄 뻔히 알면서도 이미 전개된 상황에 무기력하게 끌려다닐 수밖에 없는 상황, 어디서 많이 본 듯하지 않은가? 편집자들이 조정능력을 제대로 발휘하지 못하는 것은, 단순히 상황을 주도할 수 있는 주도권을 놓쳤기 때문이 아니다. 거꾸로, 바로 이 실험에

서처럼 어떻게든 주도권을 장악해야겠다는(또는 되찾아야겠다는) 욕망
이 점점 더 상황을 주도할 힘을 잃게 하고 있지는 않은가. 누구도 어쩔
수 없는 난처한 상황을 조금이라도 개선해낼 수 있는 능동적인 힘은,
자신의 어리석음으로 인해 이왕 발생할 수밖에 없게 된 비용을 얼마
나 빨리 털어버릴 수 있는가에 달려 있다. 그러기에는 이미 너무 많은
비용이 들어갔다는 것은 이런 상황에서는 결코 핑계가 될 수 없다. 오
래된 경구처럼 "늦었다고 생각할 때가 가장 빠른 때다!" 억울해도 어
쩔 수 없다. 억울해하고 있는 한, 점점 더 억울해질 것이다.

자책감 없이 거절하는 방법

처음부터 이런 상황에 빠져들지 않으려면 첫 단추를 잘 끼워야 하는
데, 즉 관계의 규칙을 잘 만들어내야 하는데, 이게 쉽지가 않다. 그것
은 '거절하는 일'에 익숙하지 않기 때문인 경우가 많다. 거절에 따르
는 심리적 부담 때문에 적절한 타이밍을 한번 놓치고 나면, 아무리 무
리한 요구가 뒤따른다 해도 거절하기는 점점 더 어려워진다. 그러다
가 어떤 한계치를 넘어서고 나면, 대부분의 사람들은 폭발하듯이 '화
를 내서' 상대방을 어리둥절하게 한다. "처음부터 안 된다고(싫다고,
못한다고) 할 일이지, 이제 와서 왜 나만 나쁜 놈으로 만들어?"
　내 경우를 예로 들어도 그렇다. 한동안 방송이다 강의다 정신없이
지내다 보니, 가뜩이나 좋지 않던 몸 상태가 최악으로 곤두박질치는
것도 못 견딜 일이지만, 정작 머릿속이 텅 비어버리는 정신적 공황상
태에 빠져버린 것을 알아채고는 "더 이상 이렇게 살아서는 안 되겠

다"고 작심을 한 것이 벌써 서너 해 전의 일이다. 그런데 도무지 일을 줄일 수가 없었다. 딴에는 이를 악물고 얼굴에 철판을 깔고 독하게 줄인다고 줄이는데도, 채 한두 달이 못 가서 일의 부담이 조금도 줄지 않았을뿐더러 오히려 늘기까지 했다는 것을 문득 깨닫고 망연해지곤 했다. 그 과정에서 수많은 이들이 대놓고 서운해하기도 했고, 노골적으로 반감을 가지게 된 이도 없지는 않을 것이다.

아무리 내 나름대로 절박한 이유를 제시해도, 받아들이는 입장에서는 모두 '그럴듯한 핑계'일 뿐이었고 '공연한 엄살'이었을 뿐이다. 개인적으로 만나면 입에 발린 말일망정 건강을 걱정해주곤 하는 그이들이, 특별히 나쁘거나 비인간적이어서 그랬던 것은 아닐 터이다. 길지도 않은 고작 원고지 10~20매짜리의 글을 기껏해야 한 달에 한두 꼭지 써내는 일이, 1주일에 30분 정도의 짬을 내서 방송에 출연하는 일이, 건강을 악화시키거나 정신을 피폐하게 할 만큼의 심각한 부담이리라고 생각할 수는 없었기 때문이라고 보는 편이 공정할 것이다.

그런데 어떻게든 거절을 하긴 해야 하는데 그것이 생각처럼 쉽지 않을 때 밀려드는 느낌은 어이없게도 '자책감'이다. 다들 나름의 절박함 속에서 발버둥치느라 내게까지 도움을 청하는 것일 텐데 혼자서만 잘났다고 뻐기며 공연히 비싸게 구는 것이나 아닌지, 개구리가 올챙이 적 생각 못하고 이제 좀 살 만해졌다고 몸을 사리려 드는 것이나 아닌지, 어차피 일의 부담을 눈에 띄게 줄이지도 못할 거면서 그 자체만 놓고 보면 그다지 크게 부담스럽지도 않은 일에 유난을 떨며 너무 모질게 구는 것이나 아닌지…. 그런 복잡한 상념들이 거절하는 일을 더 어렵게 한다. 나만 그런 건 아닐 것이다.

대개 거절이 쉬운 사람들은 상대방보다 힘을 더 가지고 있는 경우가 많다. 관계에서 힘을 덜 가진 쪽에서는 아무래도 거절이 쉽지 않게 마련이다. 그리고 워낙 그런 삶의 방식에 익숙해져 있다 보면, 거절 자체가 상대방에게 모종의 '힘을 행사하는 일'로 여겨지는 것이 인지 상정이고, 거절을 하면서도 그것이 결코 '힘자랑'을 하려 드는 게 아니라는 점을 납득시키기는 점점 더 어려워진다.

좀 다른 얘기지만, 개인 사이의 관계에서 흔히 일어나는 이런 난처한 상황을 사회적인 차원으로 확대해보면 이런 식이 된다. 이념적으로 헌법이 보장하고 있는 기본적 인권을 그야말로 모든 사람이 누릴 수 있다고 믿는 사람이 있다면 아주 순진한 사람일 것이다. 이념이야 어떻건 현실에서라면 소수의 힘 가진 사람들이 그것을 독점해왔다는 것쯤은 굳이 가르쳐주지 않아도 누구나 알고 있다. 그러다 보니 기본적 인권조차 누리고 있지 못한 힘없는 사람들이 "나도 마땅히 그것을 누릴 권리가 있다"고 주장하고 나서기가 점점 더 어려워진다. 너무나 당연한 요구조차도 '공연한 잘난 척'의 혐의를 뒤집어쓰기 십상이다.

개인적 차원에서는 쉽게 거절하지 못하는 '만만한' 사람의 삶이 엉망으로 망가지거나 아니면 만만해 보이지 않으려고 기를 쓰는 사람이 '인간성'을 의심받는 것으로 귀결할 터이며 그것만으로도 그 사람에게는 엄청난 불행이듯이, 사회적인 차원에서의 권리 주장이 비슷한 처지에 놓여 있다면 그 사회는 아무런 희망도 없는 불행한 사회일 것이다.

두 번 말하면 잔소리겠지만, 누구나 다른 사람의 행복을 가로막지 않는 한, 행복한 삶을 추구할 권리가 있다. 자책감을 느껴야 할 이유란 아무것도 없다. 그것이 아무리 다른 사람을 행복하게 하는 일이라 해도 나 자신을 불행하게 하는 일이라면, 마땅히 그것을 당당하게 거절할 권리가 있고, 그로 인해 그 누구로부터도 비난받지 않을 권리가 있다. 물론 현실에서 그 권리는 주로 힘을 가진 사람들이나 누릴 수 있지만, 그 권리를 누리기 위한 몸부림이 반드시 그것을 누릴 만한 힘을 가지기 위한 노력을 뜻하는 것은 아니다. 마찬가지로, 다른 사람이 누려야 할 기본적 인권을 침해하지 않는 한, 자신의 인권을 당당하게 사회적으로 주장할 권리가 있으며, 그로 인해 그 누구로부터도 비난받지 않을 권리가 있다. 그리고 그것은 결코 남다른 특권을 누리겠다는 의지를 뜻하는 것이 아니다.

하지만, 자책감 없이 거절하는 데 특별한 비법이 있을 것 같지는 않다. 그것은 어쩌면 거꾸로 우리 모두가 '상처 없이 거절당하는 방법'을 배우게 된다면, 자연스럽게 다다를 수 있는 지점에 있을지도 모르겠다. 즉 더 많은 사람들이 '거절당하는' 데 익숙해진다면, 더 많은 사람들이 '거절하는' 것을 덜 부담스러워하게 될 것 아닌가. 사회적인 차원에서 말하자면, 다른 사람의 사회적으로 정당한 권리 주장에 자신의 상처나 (대개는 좌절된) 욕망을 투사시키지 않는 자세야말로 좀더 성숙한 사회의 기초를 이루는 핵심적인 기반일지도 모른다는 것이다.

'자기 소멸'을 향해 나아가기

편집을 강의하다 보면, "편집이 잘 된 책"을 예시해달라는 요구를 받을 때가 있다. 그때마다 나는 이렇게 대꾸하곤 한다. 상대적으로 편집이 잘 된 책은 분명히 있겠지만, 그것을 보여줄 방법은 없다. 어디가 어떻게 잘 되었다는 것인지를 설명할 방법이 없기 때문이다. 편집이 잘 된 책이란 '편집이 안 보이는' 책이다. '편집'이 보인다면, 바로 그 지점이야말로 편집이 잘못된 대목이다. 정말 편집이 잘 된 책에서는 저자만, 저자가 전달하려는 메시지만 보여야 한다. 그리고 그것을 위해 편집이 존재하는 것이다.

언젠가 청와대 비서관을 지낸 문인 출신 정치인이 그와 비슷한 말을 한 적이 있다. 청와대에서 일하는 동안 '내가 한 일'이라고 내세울 만한 일이 있느냐는, 혹시나 '공밥'을 먹은 것은 아닌지를 캐묻는 듯한 고약한 뉘앙스의 질문에 그는 대략 이런 취지의 대답을 했다. "참모는 자신이 모시는 분을 빛나게 하기 위해 일을 하는 것이다. 내가 열심히 일을 해서 무언가 내세울 만한 결과가 나왔다면 그건 대통령의 업적이지 내 업적이 아니다." 정치인의 말이니 곧이곧대로 받아들일 필요는 없겠지만, 나는 이 말에서 '편집자'의 정체성을 설명해줄 수 있는 하나의 실마리를 얻었다. 그래서 나는 늘 이렇게 말하곤 한다. 편집자는 저자를 빛나게 하기 위해 존재한다. 자기가 빛나고 싶은 사람은 편집자를 하지 말고 저자를 하면 된다.

앞에서 에디터십을 구성하는 요소를 설명하기 위해 동원했던 수많은 개념들, '왜냐고 생각하기' '상처받을 수 있는 용기' '자유로운 상상력' '자신의 내면과 대화하기' 등등은 꼭 편집자가 아니더라도, 특히나 작가나 저술가를 포함하여 문화활동에 종사하는 어느 누구라

236

도 갖춰야 할 '정신적 노동력'일 것이다. 그도 그럴 것이, 여러 차례 강조했듯이 편집자의 판단능력이나 가공능력은 '사회적 평균 수준'이면 충분하며 편집자일 수 있는 사람은 다른 어떤 정신노동도 직업적으로 감당해낼 수 있을 것이기에, 작가나 저술가로 나선다 해서 그리 이상할 게 없는 것이다. 요컨대 "그런 것들은 저자가 되기 위해서도 당연히 필요한 것인데, 그렇다면 편집자는 저자와 무엇이 어떻게 다른가"라는 질문에 나는 이렇게 대답한다. 그리 많은 점이 다르지 않다. 다만 핵심적으로 딱 한 가지가 다를 뿐이다. 편집자는 저자의 '스태프'이다.

편집자는 궁극적으로 '자기 소멸'을 향해 나아가는 사람이다. 책에서 편집의 흔적을 얼마나 잘 지워냈는가가 훌륭한 편집에 이르는 관건이기 때문이다. 책에서 편집의 흔적을 지운다는 것은, 사실상 독자에게서 편집자의 존재감을 없앤다는 의미와도 통한다. 세상에! 누구나 자신의 존재를 사회 속에서 인정받으려 안간힘을 써야 하는 에누리 없는 경쟁사회에서, 도대체 이게 무슨 귀신 씨나락 까먹는 소리란 말인가. 게다가 다른 사람을 가장 잘 속이는 방법은, 먼저 자기 자신을 제대로 속여넘기는 것이듯, 멀쩡하게 밤을 새가며 일을 해놓고서도 그 흔적을 가능한 한 남기지 말아야 한다면, 자신의 내면에서부터 '존재감'을 향한 욕망을 지워내야 한다. 의식적으로 애를 써도 무의식적인 욕망은 반드시 자신이 그 책을 만드는 과정에 분명히 존재했다는 흔적을 남겨두게 마련이다.

그런데 이게 사람에게 가능하기나 한 일인가. 편집자는 세속을 초월한 도사가 되어야 한다는 것인가. 물론 그렇지는 않다. 사람에게는 (정도 차이는 있을망정) 누구나 '존재'를 향한 욕망도 있지만, 반대로 (역시 정도 차이는 있을망정) '소멸'을 향한 욕망도 있다는 점에 주목하자는 것뿐이다. '존재'를 향한 욕망이 아무리 강고하더라도 '소멸'을 향한 욕망이 언제나 그것을 압도할 수만 있다면, 그 길항의 과정에서 얼마든지 '자신이 빛나기보다는 저자를 빛내는' 스태프의 역할을 감당할 수 있다. 요컨대 '존재'를 향한 욕망을 억제하라는 것이 아니라, '소멸'을 향한 욕망을 더 키우라는 것이다.

달리 표현해보자. 자존감도 자의식도 없는 편집자란 그 자체로 형용모순이다. 게다가 우리는 어떻든 자신의 노동으로 만들어낸 가치에 대한 대가를 받아 먹고살아야 하며, 그것을 정당하게 인정받아야만 한다. 따라서 존재감의 발현은 필연적이다. 그것을 부인한다면 편집도 없고 책도 없으며, 나아가 편집자의 노동은 마치 가사노동처럼 사회적으로 비가시화될 것이고 직업으로서의 편집자도 없을 것이다. 그러니까 그것은 그것대로 두자. 아니 가능하다면 더 키우자. 다만 그 이상으로 '소멸'을 향한 욕망을 키워나가자는 것뿐이다.

나는 삶에 대한 이런 태도가 어느 누구와 어떤 종류의 관계를 맺더라도 그 첫 단추를 제대로 끼워내는 데 가장 중요한 관건이라고 믿는다. 또는 어쩔 수 없이 포기할 수도 지속할 수도 없는 진퇴양난의 상황에 말려들게 되었다 해도, 그런 고약한 상황에서 가장 빠르게 벗어날 수 있는 능동적인 힘의 가장 중요한 원천일 것이라고 생각한다. 욕심은 언제나 더 큰 욕심을 부르게 마련이니까.

'조정능력 비판'을 시작하면서 전제했듯 결국 조정능력이란 '성격'의 문제라는 것을 다시 한번 드러낸 셈이 되었지만, 이때의 '성격'이란 다름 아닌 삶에 대한 태도, 즉 '인생관'이라는 것이 나의 결론이다. 그래서 (에리히 프롬의 개념틀을 슬며시 훔쳐오자면) "편집 일을 하는 것(TO HAVE a job for editing)이 아니라 편집자로 사는 것(TO BE as an editor)"이다.

에필로그 **누가 편집자인가**

편집 일을 하는 것이 아니라 편집자로 사는 것

1987년 대학도 졸업하기 전에 중앙일보 시카고 지사의 편집기자로 종 잇밥을 먹기 시작했으니 그때부터 따지면 얼추 20년을 넘었다. 하지만 딱히 출판 일이 아니더라도 제대로 일을 붙잡고 있었던 시간보다 반백 수로 속절없는 세월만 죽였던 시간이 더 많고, 잡지 기자를 포함하더라 도 현장 편집자로 일했던 시간은 훨씬 더 적다. 돈 되는 일이라면 무엇 이건 마다할 처지가 아니었던지라, 쥐꼬리만한 원고료에 의지해 글을 팔기도 했고 방송 쪽에도 여러 해 품을 팔았으며 심지어 대통령 선거가 있던 어느 해인가는 정치판의 홍보 일을 기웃거리기도 했다. 2002년 초 삼인출판사를 나오면서 현장 복귀의 기회는 더 이상 없으려니, 그 이듬 해부터 우연찮게 시작한 선생 노릇에 5년 넘게 전념하고 있다.

잠시 옆길로 빠지자면, 전업적으로 선생 노릇만 하는 사람이 없다 보 니 직업을 소개해야 할 때 난감해지곤 한다. 궁여지책으로 만들어낸 말 이 '출판컨설턴트'이다. 그리고 보면, 요즘은 언론 감시를 위한 비평활 동을 하시는 분들이 주로 사용하는 '미디어평론가'라는 직함도 내가 처 음 만들어 쓰기 시작한 말이다. 찬밥 더운밥 가릴 처지가 아니었던 '일용 저술 노동자' 시절에 책, 영화, 방송 등 장르를 가리지 않고 청탁이 들어오는 대로 비평을 쓰면서 '도서평론가'도 '영화평론가'도 '방송평론가'도 아닌 그 모두를 아우르는 말이 필요할 것 같아서 궁리 끝에 '그 모든 것이 다 미디어잖아?'라는 발상에서 쥐어짜낸 말이다. 직업에 편입되기보다는 직업을 만들어가면서 살아온 셈이다.

하지만 나는 현업에서 손을 뗀 지 10년이 가까워오는 지금도 여전히 스스로를 '편집자'라 여기거니와, 돌이켜보면 현장에서 일할 기회를 얻지 못하고 언저리를 떠돌 때도 늘 그렇게 생각했던 것 같다. 그리고 그런 자의식이 사실상 변변한 현장 경력도 없는 나를 지금 이 자리까지 이끌어왔을 것이다. 그러니까 "편집 일을 하는 것이 아니라 편집자로 사는 것"이라는 나의 지론은, 머릿속에서 '바람직한 편집자'를 그려보다 얻어낸 결과가 아니라 내 삶을 압축적으로 설명해주는 말이다.

'편집 일'에 필요한 기능을 가르쳐줄 것으로 기대하고 '편집자 입문 과정'을 수강하러 오는 편집자 지망생들에게 실은 전혀 그렇지 않다며 늘 들려주는 이야기가 있다. 내가 편집자로 살아왔던 과정이다. 비슷한 또래들이 엉덩이 붙이고 앉아 차분히 경력을 쌓아갈 때, 나는 그렇게 살지 못했다. 취업 적령기에 제대로 자리를 잡지 못하다 보니, 나이를 먹어갈수록 일자리를 구하기는 더 힘들어졌다. 신입으로 채용하기에는 자질구레한 경력이 만만치 않았고, 그렇다고 경력직으로 쓰자니 순수하게 편집자로서의 경력은 일천했던 게 문제라면 문제였다. 물론 그 와중에도 일자리를 허락하는 회사가 없지는 않았고, 우여곡절 속에도 어떻든 지금껏 밥은 안 굶고 살아냈다. 그렇다면 도대체 그건 뭐였을까. 이것이 바로 내가 이 책에 실린 글들을 연재할 작정을 하면서 해명하고 싶었던 내용이었다.

좀더 구체적으로 말하자면, 변변한 경력도 없고, 그렇다고 출판을 향한 특출난 비전이나 의욕(예나 이제나 나는 '돈 쓰는 재주'는 있어도 '돈 버는 재주'는 별로 없는 사람이다)도 보이지 않는 내게 기꺼이 혹은 못미더워하면서나마 일을 맡겼던 분들은 도대체 내게서 무엇을 보았던 것일까. 아니 몇 년씩 현장 짬밥을 먹은 자신의 경력에서 생각해보면 '햇병아리 생초짜'나 다름없는 내가 순전히 사회적인 나이를 깡패삼아 윗자리를 차지하고 들어왔을 때, '낙하산'이라고 고까워할 수 있는 데도 깍듯이 '선배'로(호칭만이 아니라 진심으로) 대접해주었던 후배들은 또 도대체 내게서 무엇을 보았던 것일까. 나아가 이름 대면 알 만한 출판사에서 이름 대면 알 만한 베스트셀러(또는 많이 팔리지는 않았더라도 묵직한 문화적 질감을 가진 명품들)를 줄줄이 만들어냈던 '스타급 편집자'들이 즐비한 판에, 북에디터 사이트에서 '노느니 염불' 삼아 잘난 척 좀 해댄 거말고는 이렇다 하게 내세울 커리어도 변변찮은 내게 '예비편집자'들의 강의를 덜컥 맡겨서 '현장 편집자'로 일한 시간보다 더 긴 시간을 '선생 노릇'으로 먹고살게 해주신 분들은 또 내게서 무엇을 보았던 것일까.

내 삶은 '편집해야 할 텍스트'다

어줍잖은 잘난 척으로 목에 힘주며 공연히 기죽이려 하는 말이 아니다. 생각해보면 나만 그런 게 아니다. "어차피 처음부터 잘 하는 사람은 없으니 훌륭한 선배 밑에서 열심히 배우고 싶다"는 의욕을 불태우는 편집자 지망생들이나 초보 편집자들이 들으면 기겁을 하곤 하지만, 내 또래에서 현역으로 뛰고 있는 편집자들 중에는 나처럼 '처음부터 편집장'이었던 이들이 많다. 구체적인 업무 지시를 내려주거나 심지어 친절하게 방법을 설명해줄 선배도 없고, 포괄적인 목표가 주어지면 구체적인 작업과정을 구성하고 실제로 집행하는 모든 일은 스스로 알아서 해내야 하며, 당연히 그 결과에 책임을 져야 하는 역할을 할 수밖에 없었던 것이다. 물론 그렇지 않고 말단에서부터 차근차근 경력을 쌓아온 분들이 더 많기는 하지만, 그런 분들도 어찌어찌하다 보니 결과적으로 그리된 것이지 혹 삶의 실타래가 어긋나 처음부터 그런 역할을 맡았다 해도 충분히 잘 해냈을 것 같은 분들이 대부분이다. 그 힘은 대체 어디에서 나오는 걸까.

반대로 말해도 마찬가지다. 몇 년씩이나, 심지어 10년은 족히 종잇밥을 먹었다는데도 "경력을 고스톱 쳐서 땄나" 싶은 분들도 수두룩하다. 그렇다고 불성실하거나 무능력하다면 그 경력이 되도록 일을 계속했을 리가 없고 보면, 무작정 매도하고 백안시할 수만도 없다. 그러나 나는 궁금하다. 주어진 조건 속에서 나름대로 성실하게 살아왔을 그분들이 결과적으로 '엉터리 경력자'에 불과할 수밖에 없다면, 거기에도 그럴 만한 이유가 있을 것이다. 도대체 무엇이 모자랐기에 어떤 사람들은 '생초보'일 때도 뚝딱뚝딱 해치워내던 일들을 어떤 사람들은 '관리자급 짬밥'이 되어서도 어쩔 줄 몰라 하며 쩔쩔매거나 또는 추진력을 발휘한답시고 엉망으로 망쳐놓곤 하는(게다가 그걸로도 모자라, 후배들 앞에서만은 '요즘 애들' 운운하며 큰소리를 쳐대기까지 하는) 것일까. 그걸 해명해보고 싶었다.

그래서 나는 우선 다름 아닌 나 자신의 정신세계를 해부해본 것이다. 내가 이 동네에서 그나마 밥 굶지 않고 살 수 있었다면 내게도 틀림없이 남다른 '에디터십'이 있었을 텐데, 도대체 그 정체는 무엇일까. 내가 편집자로서 판단능력과 가공능력, 조정능력을 발휘해왔다면 그것을 구성하는 요소들은 어떤 것들일까. 그것을 곰곰이 되짚어보려고 했다. 그러니까 정직하게 고백하자면, 이 책에서 내가 늘어놓은 이야기들은 결코 누구에게나 적용되는 '일반론'이 아니라, 그저 나는 이런 방식으로 판단·가공·조정에 대처해왔다는 '자술서'일 뿐이다.

물론 20년 전, 내가 처음 이 일을 시작했을 때도 내가 이 책에서 서술한 그런 방식으로 판단하고 가공하고 조정했는지는 솔직히 자신있게 말할 수 없다. 나와 함께 일했던 경험이 있는 분들이라면, 그래서 내 미숙함 때문에 크고작은 난처함에 마주쳤던 분들이라면, "변정수가 언제부터…"라며 고개를 흔드실 분이 있을지도 모르겠다. 아니 틀림없이 그럴 것이다. 특히나 조정능력에 관해서라면, 흔한 말로 "저래서 사회생활 제대로 하겠어?"라는 말을 숱하게 들었을 정도로 나의 커뮤니케이션 방식은 매우 거칠다는 것을 나도 알고 있다. 오래전부터 알고 지내던 어느 지인은 내가 '편집 커뮤니케이션'을 강의한다는 말에 폭소를 터뜨리기도 했고, 어느 편집자는 내 딴에는 꽤나 친절을 발휘하며 올리곤 하는 북에디터의 게시판 글을 놓고도 "너무

차가워서 싫다"는 논평을 하기도 했다. 그러니 아마도 그 세월의 무게 속에서 삶의 구체적 계기들과 상호작용하며 내 인격이 성숙해온 만큼 내 '에디터십'도 더 정교하게 다듬어져왔다고 말하는 편이 공정할 것이다.

하지만 한 가지는 자신있게 말할 수 있을 것 같다. 지금보다 틀림없이 미숙하고 엉성하기는 했겠지만, 내가 발전시켜온 나만의 '에디터십'의 싹은 그때부터 아니 그보다 훨씬 전 고등학생 시절부터도 내 안에 틀림없이 있었을 것이다. 그러니 대학 졸업 후에도 학교 주변을 떠나지 못하고 떠돌던 내게서 그 가능성의 싹을 보고 고맙게도 일자리를 내주며 성장의 계기를 마련해주신 분들이 나타나지 않았을까.

언젠가 내 강의를 수강한 편집자 지망생에게 이렇게 물은 적이 있다. "그래서 어떤 분야의 책을 편집하면 잘 할 수 있을 것 같은가요?" 대개 그렇지만, "어떤 분야든 열심히 해보려고 합니다"는 대답이 되지 않는다. 각오만큼은 훌륭하지만, 내가 보기엔 '편집자'로서 그야말로 '기본이 안 돼 있는' 대답이다. 나는 이렇게 되물었다. "내가 '포지셔닝'에 대해 강의 안 했던가요?" 정작 '포지셔닝'이 필요한 순간에 그것을 써먹을 수 없다면, 그가 '포지셔닝'이라는 개념을 알고 있다는 게 도대체 무슨 소용이란 말인가. 아니 심지어 '다른 사람의 소중한 정신활동의 소산'을 놓고 제아무리 '포지셔닝'을 고민해본다 한들 그건 또 얼마나 공허한 일인가. 제 삶에 온전히 적용하지 못하는 접근방식을 감히 다른 사람이 밤새워가며 쥐어짜낸 텍스트에 적용할 수 있다고 생각한다면, 그건 오만이다.

이런 예는 무수히 많다. 나는 가끔 이런 식으로도 묻는다. "당신은 도대체 어떤 사람인가요? 한 문장으로 간추려보세요." 사람이라는 존재가 얼마나 복잡하고 중층적인데, 세상에 이런 폭력적인 질문도 있는가. 하지만 그렇다면 우리가 출간을 앞둔 텍스트를 놓고 '컨셉'이 어떻다느니 저떻다느니 갑론을박 찧고 까부는 것은 그와 얼마나 다른 가. 제 삶의 '컨셉'을 함부로 규정할 수 없다며 펄쩍 뛰는 사람이 텍스트의 '컨셉'을 함부로 재단하려 드는 것은, 텍스트에 대한 폭력이 아니라면 사실상 아무 의미도 없는 말장난일 뿐이다. 또는 자신의 약점을 부정하기에 급급한 사람이 텍스트의 약점을 정확히 짚어 보완방안을 찾아내기를 기대할 수 있을까. 책을 편집하는 과정에서 편집자가 수행하는 모든 일은 그 사람에게 삶의 방식으로 체화된 것이 아니라면 아무리 노력해도 헛수고이게 마련이다. 편집자의 총체적 인격이 실리지 않는다면, 거기에 편집자의 정신활동이 개입하고 있다고 말할 수 있을까. 요컨대 어떤 편집자의 '에디터십'이란 그 사람의 삶의 방식이다.

'경력'이라는 허깨비

많은 출판사에서 편집자를 채용할 때 경력자를 선호하는 까닭을 모르지는 않는다. 하지만 수많은 경력자들이 그 경력에 값하는 만큼의 능력을 갖추고 있으리라 기대할 수 있다면 사실 '에디터십'을 고양시킬 방법을 찾아보자는 취지에서 마련된 이 책 자체가 무의미한 공론空論에 지나지 않을 것이다. 순전히 경력이 더 많다는 이유만으로 그렇지 않은 사람보다 더 우대를 받아야 한다는 통념에는 기실 아무런 합리적 근거가 없다. 단 두 개의 질문만으로 이 사실은 확연해진다.

질문 하나, 여기에 두 사람이 있다. 지금껏 우리 회사에서 발간한 책을 단 한 권도 제대로 읽어보지 않았고 우리 회사가 주력하는 분야의 책에는 거의 관심이 없었지만, 어떻든 이런저런 분야의 단행본을 2~3년쯤 만들어온 경험을 가진 사람, 그리고 현장 편집자로서 책을 만들어본 경험은 전혀 없지만, 우리 회사에서 나온 책은 빠짐없이 그리고 주밀하게 챙겨 읽어왔으며 그와 유사한 성격의 경쟁도서의 내용에도 해박하고 사회적 맥락까지도 명료하게 짚어내어 관련 출판 시장의 흐름에 시야가 열려 있는 사람. 다른 조건이 비슷하다면, 그리고 선택을 유보하고 제3의 선택지를 기대하기가 곤란한 상황이라면, 둘 중에 어느 쪽에 더 점수를 줄 것인가.

질문 둘, 우리 회사에서 내고 있는 책에 대한 이해도 비슷한 수준이고 관련 분야의 책을 만들어온 경력도 엇비슷한 두 사람이 있다. 하지만 한 사람은 어느 한 출판사에서 (아마도 규모가 작은 출판사이기에 그럴 수 있었겠지만, 혹은 그럴 수밖에 없었겠지) 사실상 편집 업무 전반을 거의 혼자서 책임지는 것으로 경력의 대부분을 채웠고, 다른 한 사람은 서너 군데의 출판사를 옮기며 (자리를 옮길 때마다 시장 장악에서든 사회적 의미에서든 영향력이 더 큰 쪽으로 발전을 거듭하는) 화려한 경력을 쌓아왔지만 초짜 시절이나 별다르지 않은 제한된 영역의 일들을 자리만 옮겨가면서 되풀이했다면, 일반적인 기대 가능성에서 어느 쪽이 더 신뢰할 만할까.

답이 뻔히 보이는 당연한 이야기를 장황하게 늘어놓은 것 같지만, 희한하게도 현실에서는 '뻔한 답'과는 정반대의 선택이 이루어지는 경우가 비일비재하다. 물론 위의 질문들에는 '언급되지 않은 다른 모든 조건이 같다면'이라는 현실적으로 불가능한 전제가 깔려 있다. 실은 책을 마무리하면서 내가 하고자 하는 이야기의 핵심도 바로 거기에 있다. 위의 질문들에서 그저 '경력'에 대한 맹신이 허깨비에 지나지 않는다는 점을 드러내기 위해 지나치게 상황을 단순화하느라 생략해버린 '그 외의 다른 조건'들이 '눈에 보이는 경력'보다 또는 '허깨비에 지나지 않는 경력'을 압도할 만한 잠재적 요인들보다 정작 더 중요한 기준이었다면, 도대체 그 실체는 무엇일까.

먼저 부정적인 가능성부터 검토하자면, '단순히 눈에 보이는 경력만을 본 것은 아니다'라며 내세우는 '다른 조건'이라는 것들이 실은 공연한 핑계거리에 지나지 않을 수도 있고(그러니까 뭐라고 궁색한 이유를 갖다붙이건 결국은 '눈에 보이는 경력'에 한 수 접힌 것이다), 어쩌면 그보다 더 심각하게도 사회적이거나 개인적인 편견이 결정적으로 작용한 탓일 수도 있다(이 경우에는 정직하게 '편견'을 드러내기보다 거꾸로 '눈에 보이는 경력'을 방패삼으려 드는 경우가 많다). 오죽했으면 편집자 채용을 위한 면접에서 '살고 있는 아파트 평수'와 '부모님 직업' 따위를 묻더라는 어느 출판사를 빗대 '출판경영능력 검정시험'이라도 치러야 하는 것 아니냐는 비아냥까지 나왔을까.(주간 <시사인>, 2007.10.29)

그러나 출판계 일각의 '안일한 관성'이나 '몰지각'을 고발하고 성토하기 위한 논의는 아닌 만큼 얼마든지 있을 수 있는 부정적 가능성은 논외로 하자. 그보다 나는 좀더 긍정적인 가능성에 착안하고 싶다. 지금까지 그 누구도 꼬집어 말하지는 못했지만 막연하게나마 전제되고 있는 더 중요한 판단 준거가 분명히 존재한다면, 그것을 명료하게 '언어화'할 필요가 있다. 가령 이 책의 서두에 '능동성'이라든가, '책임성'이라든가 하는 개념틀을 제시한 것도, 판단·가공·조정능력을 구성하는 요소들을 간추리면서 '세계상'이니 '인생관'이니 하는 지극히 인성적인 준거틀을 제시한 것도 이러한 취지에서이다. 예컨대 앞의 첫 번째 질문에 '다른 조건' 하나를 덧붙여 다음과 같이 변형해보자. 당장은 지적 배경이 변변치 못해 보이는 사람이라도 2~3년의 직장생활을 통해 다져졌을 직업적 책임감이 미더운 반면, 머릿속 가득 채워놓은 온갖 쓸모 있는 지식이나 정보를 자유자재로 활용하는 사람이라도 '아니면 말고' 식의 단순한 호사취미에 머물러 있는 것으로 보인다면, 판단은 사뭇 달라질 것이다. 그리고 어쩌면 이것이야말로 현장에서 '경력자'가 선호되는 진짜 이유인지도 모른다. (물론 '눈에 보이는 경력'과 '직업적 책임감'은 대개 아무 상관이 없다는 게 여전히 문제이긴 하지만.)

'텍스트에 대한 긴장'은 '삶에 대한 긴장'에 기반한다

좀 민망한 고백이지만, 나는 내 강의를 들으러 오는 '편집자 지망생'이나 '초보 편집자'들을 만나며 때로 깊은 '절망감'을 느낀다. 아마도 현장에서 '구인 공고를 내면 구직자들은 줄을 서는데 정작 쓸만한 사람이 없다'고 답답해하는 이유도 바로 거기에 있을 것이다.

에둘러 말하자면, 그래서 나는 '출판편집'의 이모저모를 가르치는 일보다 '직업을 가진다는 것의 의미'를 가르치는 데 훨씬 더 많은 힘을 쏟는다. 또는 기본적으로『편집자 분투기』나『책으로 세상을 편집하다』와 같은 책을 부교재 삼아 읽히는 것이 '출판편집자 입문'의 당연한 필수 과정이겠지만, 아무래도 그 책들보다 예컨대『88만원 세대』를 먼저 읽혀야 하는 것이 아닌가를 심각하게 고민한다.

물론 이런 사정은 '경력자'라고 해서 별다르지도 않다. 함무라비 법전 시대에도 "요즘 젊은것들은…" 운운하는 이야기가 있었다는 우스개도 있거니와, 어설픈 세대론에 경박하게 부화뇌동할 의사는 조금도 없지만, 내 또래의 출판사 대표나 편집자들에게서 "도대체 요즘 애들 왜 그래?"로 시작하는 하소연이 심심치 않을 만큼은 들려온다. 이때 지적되는 것은 흔히 편집자의 기본 소양으로 거론되곤 하는, '무식하다' 싶을 정도로 인문적인 배경 지식이 밑천이 짧다든가 사사건건 잔소리로 거들지 않고서는 제대로 진행되는 일이 없을 만큼 일 매무새가 야무지지 못하다거나 당연히 알아서 챙겨야 하는 일인데도 구체적인 지시가 없으면 아예 자기 일이 아닌 양 도통 관심이 없다거나 하는 내용들이지만, 기실 이것은 표피적이고 현상적인 일면에 지나지 않는다. 이런 '결과적인 현상'들에만 주목하면 '아무리 지적해도 쇠귀에 경 읽기'라는 개탄 하나만 더 추가될 뿐이다.

신기한 것은 "그럴 줄 모르고 채용했냐?"고 물으면 백이면 백, 몰랐다는 것이다. 면접을 할 때는 똘똘하고 야무지고 성실해 보였는데 막상 일을 맡겨보니 영 아니더라고도 하고, 좀 불안하기는 했어도 설마

이 정도까지일 줄은 몰랐다고도 한다. 왜 이런 일이 벌어지는지 '원인'에는 미처 눈길이 닿지 못했다면 몰랐던 것이 당연하다. 가령 텍스트의 의미 맥락에 대한 긴장을 놓친 채 '열심히 건성으로' 읽는, 그야말로 편집자의 자질이 의심되는 기묘한 독서 습관이 형성될 수밖에 없었던 배경을 정확히 알아야 적절한 대처를 할 수 있을 것이다.

내 생각은 이렇다. 애당초 '자신의 삶에 대한 긴장'이 구체적이지 못한 사람에게서, 언감생심 '텍스트에 대한 긴장'을 기대한다는 것이 차라리 어리석은 일이다. 도대체 '텍스트'란 무엇인가를 숙고한다면, 이 말이 그리 극단적인 변설로 여겨지지는 않을 것이다. 따지고 보면, 멀쩡한 사람이 '삶에 대한 긴장'이 왜 없겠는가. 오히려 지적·인격적 성장기의 대부분을 흔히 '지옥'으로까지 비유되는 생존경쟁에 내몰리며 하루하루를 '긴장' 속에서 보낸 사람들에게 어쩌면 이것은 부당한 비난일지도 모른다. 하지만, 과연 그것이 전부일까.

실제로 출판을 하겠다고 의욕적으로 덤비는 이들일수록, 자신의 삶을 온통 옥죄어온 이런 '긴장'에서 조금이라도 놓여나고 싶어하는 열망이 더 강하게 감지되는 것은 무슨 까닭일까. 취업을 앞둔 이들의 '절박함'은 충분히 이해하고도 남음이 있지만, 그 절박함에 값하는 만큼의 '삶에 대한 치열함'이 느껴지지 않는 난감한 상황을 마주하는 일이 서너 달에 한 번씩 새로운 수강생들을 만날 때마다 매양 되풀이된다. 나는 이렇게 권한다. 적어도 '텍스트 장악력'을 기대한다면, 그 사람이 얼마나 많이 배웠는가, 얼마나 많은 것을 머릿속에 주워담고 있는가 따위보다는 그 사람이 얼마나 치열하게 살아왔으며 살아내고 있는 사람인가를 먼저 보아야 한다고.

　나아가 성인이 될 때까지 무엇 하나 자신의 힘으로 판단한 경험도, 그 결과에 대해 온전히 책임을 진 경험도 거의 없는 사람에게서, 책임 있는 일 매무새를 바랄 수는 더더욱 없다. 어떤 사안에 대해서든 자기 나름의 판단을 조리 있게 제시할 줄 아는 사람을 찾기도 점점 더 어려워지고 있지만, 정작 문제는 그것만으로는 '제법 똑똑하다'는 평가를 하기에는 이르다는 데 있다. '헛똑똑이'라는 말은 괜히 생겨났겠는가. 꼭 출판편집에 국한해서 말하지 않더라도 일반적으로 '헛똑똑이'에게 결여되어 있는 것은 대단한 공부를 해야 얻을 수 있는 별다른 것이 아니다. "교양이 문화적인 지식이나 감정표현의 절제, 우아한 말과 행동 따위라는 생각은 봉건적"이라고 지적하며 '교양'을 새롭게 정의했던 김규항 선생의 말을 고스란히 빌리자면, 그것은 바로 '사회적 분별력'이다. 분별을 가진 사람이 책임감을 가지지 않을 수 없고 분별에 기반한 책임감을 가진 사람의 일 매무새가 허술할 수 없다. 하지만 그러한 '분별'은 어떻게 생겨나는가. 내 의견을 묻는다면, 그것은 '타인'과의 '충돌'로부터만 생겨난다고 답할 것이다.

　흔히 타인과의 충돌을 회피하는 것을 분별 있는 행동으로 여기지만, 그리고 나 또한 그것을 부인할 생각은 없지만, 그것은 단지 드러난 결과일 뿐이다. 무수한 충돌을 겪으면서 그 피해를 최소화할 수 있는 지혜를 터득하는 것이지, 처음부터 충돌을 회피하기에 급급하기만 했던 사람은 오히려 사소한 충돌에서도 분별을 읽고 무책임해지게 마련이다. 하물며 스스로 자기 책임 아래에서 판단하는 것조차를 버거워한다면 애당초 충돌하고 말고 할 건덕지조차도 없으니, 겉보기엔 더할 나위 없이 성실해 보이는 사람조차도 막상 일을 해보면 도무지 신통한 결과를 만들어내지 못한다.

다시 강조하지만 편집자가 '무능'한 것은, 공부가 모자라서나 재주가 보잘것없어서가 결코 아니다. 주체성이 미약한데 능동성을 기대할 수는 없는 것이다. 나라면 두 번 생각할 것도 없이, 좀 덜 배우고 내세울 만한 재주가 별로 없더라도 상대적으로 좀더 '어른스러워' 보이는 사람을 '유능한' 편집자의 재목으로 꼽을 것이다.

설령 내가 20년 전에 처음 이 일을 시작했을 때, 전혀 어른스러워 보이는 사람과는 거리가 멀었다 해도, (그래서 그것이 직업적 경력을 차분히 쌓는 데 가장 큰 걸림돌이었다 해도) 내게 일을 맡겼던 분들이 내게서 어렴풋이라도 엿보았던 능력이 있다면 일 속에서 충분히 어른스러워질 수 있으리라는 가능성이었을 거라고 나는 여전히 믿는다. 그리고 그 믿음이 나를 지금까지 편집자로 살게 해준 가장 큰 힘이었다고 감히 고백한다.

찾아보기

편집에 정답은 없다 — 출판편집자를 위한 철학에세이

2009년 9월 25일 1판1쇄 발행

지은이 —— 변정수
펴낸이 —— 한기호
펴낸곳 —— 한국출판마케팅연구소
　　　　　출판등록 2000년 11월 6일 제10-2065호
　　　　　주소 121-841 서울시 마포구 서교동 464-46 서강빌딩 2층
　　　　　전화 02-336-5675 팩스 02-337-5347
　　　　　이메일 kpm@kpm21.co.kr
　　　　　홈페이지 www.kpm21.co.kr
인쇄 —— 예림인쇄
총판 —— ㈜송인서적 전화 02-491-2555 팩스 02-439-5088

ISBN 978-89-89420-66-8 03300